컨설팅 경영
프로컨설턴트 편

억대 연봉 프로컨설턴트가 되는
커리어 성장 가이드맵
컨설팅 경영 프로컨설턴트 편

초판 1쇄 인쇄 2024년 10월 04일
초판 1쇄 발행 2024년 10월 20일

지은이 황창환

발행인 백유미 조영석
발행처 (주)라온아시아
주소 서울특별시 서초구 방배로 180 스파크플러스 3F

등록 2016년 7월 5일 제 2016-000141호
전화 070-7600-8230   **팩스** 070-4754-2473

값 18,500원
ISBN 979-11-6958-128-8 (13320)

라온북은 독자 여러분의 소중한 원고를 기다리고 있습니다. (raonbook@raonasia.co.kr)

억대 연봉 프로컨설턴트가 되는
커리어 성장 가이드맵

컨설팅 경영

프로컨설턴트 편

AI시대의
컨설팅경영 팁
공개

황창환 지음

AI 시대의 도전 : 지금 당신의 미래를 설계하라!
직장인에서 컨설턴트로, 인생 역전을 꿈꾸는 커리어 대변신

**프로 컨설턴트로
당신의 미래를 설계하라!**

RAON
BOOK

RAON
BOOK

컨설팅 경영과 프로컨설턴트는
어떻게 변화해야 하는가?

컨설팅 경영이라는 분야는 많은 사람들에게 낯설고 어렵게 느껴질 수 있지만, 이 책은 그러한 선입견을 깨고 누구나 프로컨설턴트로 성공할 수 있다는 희망을 전하는 길잡이다. 직장 생활에 지쳐 새로운 돌파구를 찾고자 하는 직장인이나, 경력을 바탕으로 새로운 도전을 꿈꾸는 사람들에게 이 책은 구체적이고 실질적인 방법을 제시한다.

억대 연봉을 꿈꾸는 사람들에게 프로컨설턴트라는 직업은 매우 매력적이다. 하지만 막상 어떻게 시작해야 할지, 무엇을 준비해야 할지 막막할 수 있다. 이 책은 그런 독자들을 위한 종합적인 가이드다. 단순히 이론적인 설명이 아닌, 실제 성공 사례와 노하우를 바탕으로 어떻게 프로컨설턴트로서 성공할 수 있는지 설명한다. 이 책을 읽고 나면 프로컨설턴트가 되는 것이 단지 꿈이 아닌 현실적인 목표로 다가올 것이다.

먼저, 프로컨설턴트가 어떤 역할을 하고 어떻게 높은 수입을 올릴 수 있는지에 대한 기본적인 이해를 돕는다. 억대 연봉을 달성한 많은 프로컨설턴트들은 특정 자격이나 기술을 보유한 전문가들이다. 그들이 어떻게 자신의 전문성을 바탕으로 컨설팅 시장에서 가치를 창출하고 있는지, 그리고 고객들이 왜 그들에게 높은 비용을 지불하는지에 대한 구체적인 사례와 설명이 이어진다. 이 과정에서 중요한 것은 실패를 두려워하지 않고 꾸준히 도전하는 자세다. 실패는 성공으로 가는 과정에서 필수적인 부분이며, 이를 어떻게 극복하고 발전시킬 수 있는지에 대한 이야기들이 담겨 있다.

또한, 데이터 분석, 고객 경험, HR 등 다양한 분야에서 대기업 출신 프로컨설턴트들이 어떻게 경력을 전환하고 성공을 이뤘는지에 대한 흥미로운 성공 스토리가 이어진다. 이들은 각각의 경험을 바탕으로 프로컨설턴트로서의 입지를 다지기 위해 어떤 전략을 사용했는지, 고객의 문제를 해결하기 위해 어떻게 접근했는지를 공유한다. 이러한 실질적인 경험담은 독자들에게 큰 영감을 줄 것이다.

오늘날 AI와 빅데이터가 컨설팅 경영에 미치는 영향은 매우 크다. ChatGPT와 같은 AI 도구가 등장하면서 프로컨설턴트의 역할도 크게 변화하고 있다. 이 책은 AI를 활용해 업무 효율성을 극대화하고, 어떻게 혁신적인 솔루션을 고객에게 제공할 수 있는지를 설명한다. AI는 더 이상 선택이 아닌 필수 도구로 자리 잡았고, 이를 통해 프로컨설턴트들이 더 나은 결과를 만들어낼 수 있는 방법들을 구체적으로 제시한다. 이러한 기술적 도구를 효과적으로 활용하는 방법을 배우면 누구나 미래의 컨설팅 시장에서 경쟁력을 가질 수 있을 것이다.

프로컨설턴트가 되기 위해서는 시간 관리 또한 중요한 요소 중 하나다. 이 책에서는 시간을 효율적으로 관리하고, 우선순위를 설정하며, 스트레스 관리를 통해 일과 삶의 균형을 맞추는 방법에 대해 다룬다. 많은 사람들이 시간이 부족해 컨설팅업에 도전하는 것을 망설이지만, 시간 관리 비법을 통해 충분히 성공적인 경력을 쌓을 수 있다는 희망을 전한다.

이 책은 또한 직장에서 쌓은 경력을 어떻게 컨설팅 전문성으로 전환할 수 있는지에 대해 구체적인 전략을 제공한다. 분야별 성공 사례를 통해 퇴직 후에도 프로컨설턴트로서 새로운 커리어를 시작할 수 있는 방법을 제시하며, 경력 전환을 두려워하지 않고 도전할 수 있는 마인드셋을 가질 수 있도록 돕는다.

특히 이 책은 독자들이 자신만의 컨설팅 제안서를 준비하고, 프로젝트를 성공적으로 이끌어 나갈 수 있는 방법을 단계별로 설명한다. 고객의 마음을 사로잡는 제안서 작성법, 프로젝트의 성공을 위한 체계적인 관리 방법, 그리고 문제 해결을 위한 전략적 접근법 등을 통해 독자들이 실제로 컨설팅 경영을 성공적으로 수행할 수 있는 자신감을 심어준다.

뿐만 아니라, 컨설팅 경영에서 성공적인 커뮤니케이션과 협업의 중요성도 강조된다. 프로컨설턴트는 단순히 문제를 해결하는 역할을 넘어, 고객과의 신뢰 관계를 구축하고 이를 통해 장기적인 파트너십을 형성해야 한다. 이 책은 고객과의 소통에서 발생할 수 있는 어려움을 극복하는 방법과, 신뢰를 쌓기 위한 커뮤니케이션 스킬을 상세히 다루고 있다.

AI 시대에 맞춰 컨설팅 경영이 어떻게 변화하고 있는지도 이 책의 중요한 주제 중 하나다. AI와 데이터 분석 기술을 통해 프로컨설턴트들이 어떻게 더 효율적으로 문제를 해결하고, 더 나은 솔루션을 제공할 수 있는지를 구체적으로 다룬다. AI를 통해 반복적인 업무는 자동화하고, 컨설턴트는 더 창의적이고 전략적인 역할에 집중할 수 있는 방법들을 제시한다.

끝으로, 이 책은 지속 가능한 성장을 위한 혁신적 전략과 함께 미래의 컨설팅 경영 시장을 전망한다. 변화하는 시장에서 어떻게 새로운 기회를 포착하고, 경쟁력을 유지할 수 있는지를 설명하며, 억대 연봉 프로컨설턴트가 되는 길을 제시한다. AI와 디지털 도구를 활용한 컨설팅 경영의 미래를 준비하고, 지금부터 새로운 도전에 나설 준비가 된 독자들에게 이 책은 중요한 나침반이 될 것이다.

결국 이 책은 직장인들이 새로운 도전에 나설 수 있는 용기를 북돋아주고, 프로컨설턴트로서의 성공적인 커리어 전환을 위한 구체적인 가이드를 제공한다. AI 시대에 맞춰 변화하는 컨설팅 경영 시장에서 성공하고 싶은 모든 이들에게 이 책은 필독서가 될 것이다.

황창환

Contents

• **프롤로그** 컨설팅 경영과 프로컨설턴트는 어떻게 변화해야 하는가?   4

Chapter1. 억대 연봉 프로컨설턴트, 지금 당신도 도전할 수 있다!

• 억대 연봉 프로컨설턴트로 성공하는 법   17

• 대기업 출신 프로컨설턴트들의 성공 스토리   22

• ChatGPT 시대, AI를 활용한 프로컨설턴트 업무 혁신   29

• 억대 연봉 프로컨설턴트의 시간 관리 비법   36

• 직장 경력을 프로컨설턴트 전문성으로 전환하는 방법   43

Chapter2. 직장인에서 컨설턴트로 변신, 제안서 하나로 인생을 바꾸다

• 고객을 사로잡는 컨설팅 경영 제안서 작성법   55

• 컨설팅 경영 프로젝트 시작하기   62

• 컨설팅 경영 진단 : 문제의 핵심을 파악하라   68

• 맞춤형 솔루션으로 승부하라   75

• 실행 계획 수립 가이드 : 성공의 설계도   79

• 프로젝트 종료 : 성공적인 마무리와 새로운 시작   85

Chapter3. 커리어 대변신, 성공하는 프로컨설턴트의 6가지 핵심 전략

- 프로컨설턴트가 되는 6가지 필수 비법   97
- 컨설팅 경영에서의 효과적인 커뮤니케이션 전략   104
- 꼼꼼한 리서치와 분석으로 컨설팅 경영 성공 이끌기   111
- 컨설테이션 : 고객 고민을 해결하는 맞춤형 컨설팅 솔루션   118
- 코디네이션 : 협력으로 성공하는 컨설팅 프로젝트   124
- 컨트롤 : 성공적인 컨설팅 프로젝트 실행과 관리   130
- 카운슬 : 고객 성장을 돕는 프로컨설턴트의 진심 어린 조언   137

Chapter4. 퇴직 후에도 성공하는 커리어 전환 전략

- 프로컨설턴트, 나에게 적합한 직업인가?   151
- 억대 연봉 프로컨설턴트의 영업 비밀   156
- 프로컨설턴트 필수 역량 개발 전략   163
- 컨설턴트 자격증, 꼭 따야 할까?   167
- 컨설팅 경영 시장 트렌드 분석과 기회 포착   173

Chapter5. AI 시대의 도전

: 미래의 컨설팅 경영을 설계하라

- AI와 데이터 분석 : 컨설팅 경영의 혁신적 돌파구 185
- 필수 디지털 도구 : 프로컨설턴트의 스마트 워크플로우 193
- 자동화 기술 : 컨설팅 경영의 혁신적인 프로세스 구축 201
- 지속 가능한 성장을 위한 혁신적 컨설팅 전략 208
- 미래의 컨설팅 경영 시장 : 도전과 기회 214

Chapter.1

억대 연봉
프로컨설턴트,
지금 당신도
도전할 수 있다!

억대 연봉, 프로컨설턴트의 세계로 가는 길
: 당신의 꿈이 현실이 된다.

평범한 직장인이 억대 연봉을 받는 프로컨설턴트로 변신하는 것은 더 이상 꿈이 아니다. 컨설팅 경영은 단순히 기업의 문제를 해결하는 것을 넘어, 숨겨진 잠재력을 발굴하고 성장을 이끌어내는 매력적인 분야다. 당신은 기업의 든든한 조력자이자 해결사로 활약하며, 높은 보수와 성취감을 동시에 얻을 수 있다.

그러나 프로컨설턴트의 길은 결코 쉽지 않다. 끊임없는 자기 계발과 전문성 강화, 탁월한 문제 해결 능력, 폭넓은 인맥, 그리고 실패를 두려워하지 않는 긍정적인 마인드셋이 필요하다. 이 모든 요소를 갖춘 프로컨설턴트는 기업에 엄청난 가치를 제공하며, 그 대가로 억대 연봉을 얻는 것이 가능하다.

억대 연봉 프로컨설턴트로
성공하는 법

프로컨설턴트의 핵심 역할과 시장 가치

프로컨설턴트는 기업이 직면한 문제를 해결하고, 더 나아가 회사가 성장할 수 있도록 돕는 중요한 역할을 한다. 마치 학교에서 어려운 문제를 해결해 주는 친구처럼, 프로컨설턴트는 기업의 든든한 조력자다. 이들이 제공하는 가치는 상당히 크며, 그 대가로 억대 연봉을 받는 것도 가능하다.

기업들은 매출 감소, 직원 생산성 저하, 새로운 시장 진출 전략 부족 등 다양한 문제에 직면하게 된다. 이럴 때 프로컨설턴트가 등장해 문제를 정확히 파악하고 해결책을 제시한다. 때로는 기업이 미처 발견하지 못한 문제점을 찾아내어 더 큰 성과를 낼 수 있게 돕기도 한다. 예를 들어, 한 중소기업의 생산 프로세스를 개선해 연간 10억 원의 비용을 절감하거나, 대기업의 신제품 출시 전략을 성공적으로 수립해 시장 점유율을 20%나 끌어올릴 수 있다. 이러한 성과 덕분에 프로컨설턴트는 높은 보수를 받을 수 있다.

억대 연봉 프로컨설턴트가 갖춰야 할 필수 자격

억대 연봉을 받는 프로컨설턴트들은 각 분야의 전문가들이다. 마케팅, IT, 인사, 재무, 전략 등 다양한 분야에서 활동하며, 기업이 겪는 문제를 해결하고 성장을 돕는다. 이들은 대부분 해당 분야에서 10년 이상의 경력을 쌓은 베테랑들로, 실제 비즈니스 현장에서의 풍부한 경험을 갖추고 있다.

마케팅 프로컨설턴트는 기업의 브랜드 전략을 수립하고 효과적인 광고 캠페인을 기획한다. IT 프로컨설턴트는 디지털 전환을 지원하며, 인사 프로컨설턴트는 조직 구조를 개선하고 직원 성과 관리 시스템을 설계한다. 이들은 이론적인 지식뿐만 아니라, 현장에서의 실질적인 경험을 바탕으로 문제를 해결하고 실행 가능한 해결책을 제시할 수 있다. 이러한 이유로 기업들은 이들에게 억대 연봉을 지불하며, 기업 성장을 이끄는 전문가로 평가한다.

| 프로젝트 | 정보성 | 결정 | 문제 해결 | 높은 보수 |

프로컨설턴트가 고소득을 올리는 이유

프로컨설턴트는 기업이 스스로 해결하기 어려운 문제를 전문 지식과 경험을 바탕으로 해결해준다. 덕분에 기업은 시간과 비용을 절약하고 더 큰 성과를 얻을 수 있다. 이 때문에 프로컨설턴트는 높은 비용을 받는다. 예를 들어, 1억 원의 컨설팅 비용을 지불한 기업이 100억 원의 이익을 얻게 된다면, 이는 투자 대비 큰 수익을 얻은 셈이다.

또한 프로컨설턴트는 다양한 기업들과 일하면서 쌓은 지식과 경험으로 폭넓은 시야를 제공한다. 한 기업에서만 일하는 직원들과 달리, 프로컨설턴트는 다수의 기업에서 쌓은 경험을 토대로 통찰력 있는 조언을 제공할 수 있다. 이 같은 전문성과 경험이 바로 프로컨설턴트가 비싼 보수를 받을 수밖에 없는 이유다.

억대 연봉 달성, 누구나 도전할 수 있다

억대 연봉 프로컨설턴트가 되는 것은 어렵지만, 불가능한 목표는 아니다. 이를 달성하려면 뛰어난 전문성, 문제 해결 능력, 폭넓은 인맥, 그리고 끊임없는 자기 계발이 필요하다. 자신의 전문 분야에서 최고가 되기 위해 끊임없는 공부와 트렌드 습득이 중요하며, 문제를 정확히 파악하고 해결하는 능력은 다양한 경험을 통해 길러진다.

컨설팅 프로젝트는 주로 인맥을 통해 연결되기 때문에 네트워크가 중요하다. 또한, 새로운 기술과 다양한 경험을 쌓는 투자는 억대 연봉으로 이어지는 중요한 요소다. 이 모든 노력을 꾸준히 한다면, 억대 수입의 프로컨설턴트가 될 수 있다. 물론, 이는 하루아침에 이루어지지 않으며, 다년간의 꾸준한 노력이 필요하다.

실패를 성공으로 바꾸는 프로컨설턴트의 마인드셋

프로컨설턴트 역시 실수할 수 있다. 하지만 중요한 것은 실패에서 배우고 다시 일어서는 것이다. 성공한 프로컨설턴트들 역시 수많은 실패를 겪었지만, 포기하지 않고 꾸준히 노력하여 결국 성공을 이뤄냈다.

실패는 오히려 귀중한 경험이 될 수 있다. 이를 통해 자신의 부족한 점을 발견하고, 더 나은 방법을 모색할 수 있다. 예를 들어, 클라이언트의 요구를 제대로 파악하지 못해 프로젝트가 실패했다면, 이를 통해 다음 프로젝트에서는 소통에 더 신경 쓰게될 것이다. 중요한 것은 실패에 좌절하지 않고 계속 도전하는 자세다. 실패를 두려워하지 않고, 그것을 성장의 기회로 삼는다면 성공은 반드시 찾아온다.

프로컨설턴트가 되기 위해서는 지속적인 자기 계발과 노력이 필수적이다. 억대 연봉을 꿈꾸는 이들에게는 전문성 강화, 문제 해결 능력 배양, 그리고 실패를 극복하는 자세가 필요하다. 이 같은 노력이 쌓이면, 그 결실로 억대 연봉이라는 목표도 충분히 이룰 수 있을 것이다.

대기업 출신 프로컨설턴트들의
성공 스토리

2

대기업에서 성공적인 경력을 쌓은 전문가들이 프로컨설턴트로 변신하는 트렌드가 점차 확산되고 있다. 이들은 대기업에서의 풍부한 경험과 문제 해결 능력을 바탕으로 컨설팅 경영 시장에서 탁월한 성과를 이루며 억대 연봉의 꿈을 실현하고 있다. 이러한 변화는 많은 직장인들에게 새로운 가능성을 제시하며, 컨설팅 경영에 대한 매력을 더욱 높이고 있다. 이제 대기업 출신 프로컨설턴트들의 성공 스토리를 살펴보며, 그들의 성공 비결을 통해 프로컨설턴트로서의 꿈을 키워나가는 데 필요한 영감을 얻어보자.

데이터 분석 전문가의 컨설팅 경영 성공 사례

　김영준 님은 어릴 때부터 데이터 분석과 수치적 사고에 탁월한 재능을 보였다. 학창 시절 수학과 통계 분야에서 남다른 재능을 발휘했으며, 대학 시절 경제학과 마케팅을 전공하며 데이터 분석 능력을 쌓았다. 그는 마케팅 경진대회에서 소비자 행동 분석을 기반으로 한 혁신적인 마케팅 전략을 발표해 우승을 차지했다. 이 경험은 김영준 님이 데이터를 통해 핵심 문제를 해결하는 능력을 보여준 중요한 사례였다.

　대기업에서 12년 동안 마케팅 브랜드 매니저로 일하며 다수의 성공적인 마케팅 캠페인을 이끌었지만, 조직의 틀에 갇힌 자신을 발견하게 되었다. 그러던 중 자유롭게 일하는 선배 프로컨설턴트의 모습을 보고 새로운 가능성에 눈을 떴다. 선배의 강연에서 큰 영감을 받은 그는 안정된 직장을 떠나 자신만의 컨설팅 경영 회사를 설립하기로 결심했다.

　처음에는 중소기업을 대상으로 컨설팅을 시작했지만, 철저한 데이터 분석과 마케팅 전략 덕분에 빠르게 신뢰를 얻었다. 특히, 한 스타트업에서 매출 성장 전략을 수립해 성공적인 결과를 도출하며 고객들의 높은 평가를 받았다. 김영준 님의 이야기는 단순한 경력 전환이 아닌, 자신이 진정으로 원하는 길을 개척하는 여정을 보여준다. 그의 성공 사례는 프로컨설턴트를 꿈꾸는 이들에게 새로운 도전을 두려워하지 않고 성공을 추구할 수 있는 용기를 심어준다.

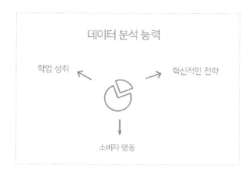

고객 경험(CX) 전문가의 20년 경력 비결

김현수 님은 학창 시절부터 사람들의 감정과 경험에 깊은 관심을 가져왔다. 대학에서 심리학과 경영학을 전공하며 소비자 심리와 고객 경험(CX)에 대한 깊이 있는 이해를 쌓았다. 그는 여러 비영리 단체에서 고객 서비스 개선 프로젝트를 주도하며 조직 내 고객 만족도를 높이는 데 기여했다. 이러한 경험은 김현수 님이 대기업에 입사해 고객 만족 혁신(CX)에 집중할 수 있는 기반이 되었다.

김현수의 CX 경력 여정

기업 경험

학문적 배경

외국계 자동차 기업에서 20년간 CX 혁신에 매진한 김현수 님은 반복적인 업무에서 벗어나 새로운 도전을 모색하기 시작했다. 경영 악화로 인해 구조조정이 진행되던 시기에 스스로 희망퇴직을 선택하고, 그동안 쌓아온 CX 전문성을 바탕으로 자신의 컨설팅 경영 회사를 설립했다.

처음에는 고객을 확보하는 데 어려움이 있었지만, 철저한 고객 분석과 전문성 덕분에 점차 신뢰를 얻기 시작했다. 한 대기업과의 프로젝트에서 고객의 의견이 조직 내부로 효과적으로 전달되지 않는 문제를 발견했고, 이를 해결하기 위한 새로운 CX 시스템을 도입했다. 이 시스템 덕분에 회사의 고객 만족도가 크게 상승했고, 매출도 눈에 띄게 증가했다. 김현수 님의 도전은 많은 사람들에게 나도 할 수 있다는 자신감을 심어준다. 그의 끊임없는 노력과 전문성 덕분에 지금도 많은 고객들에게 가치를 제공하고 있으며, 그 과정에서 성취감을 느끼고 있다.

🖊 HR 전문가의 경력 전환 성공담

민준 님은 대학 시절부터 사람들과의 소통과 인재 관리에 뛰어난 능력을 보였다. 그는 학생회에서 인적 자원 관리와 조직 문화 개선 활동을 주도하며 리더십을 발휘했다. 다양한 워크숍과 세미나를 통해 HR 관리에 대한 전문 지식을 쌓았고, 이러한 역량을 바탕으로 외국계 컨설팅 회사에 입사했다.

그곳에서 5년간 HR 컨설턴트로 일하며 인재 채용과 조직 문화 개선 프로젝트를 이끌었지만, 더 큰 도전과 변화를 갈망하게 되었다. 결국 그는 자신의 헤드헌팅 및 HR 컨설팅 경영 회사를 설립했다. 처음에는 작은 중소기업과 중견기업을 대상으로 시작했지만, 철저한 준비와 HR 전략 덕분에 고객들이 빠르게 늘어났다. 특히 한 중견기업에서 비효율적인 채용 프로세스와 경직된 조직 문화를 개선하기 위해 새로운 HR 시스템을 도입한 것이 성공적인 계기가 되었다. 이 시스템 덕분에 회사는 인재 유출을 막고, 조직 문화도 크게 개선되었다.

민준 님의 이야기는 단순한 경력 전환을 넘어서, 자신의 전문성을 기반으로 더 많은 사람들에게 가치를 제공하는 여정을 보여준다. 프로컨설턴트로 성장하기 위해서는 많은 노력과 시간이 필요하지만, 그 과정은 매우 보람 있는 일이다. 그의 도전은 많은 사람들에게 새로운 가능성을 보여주며, 그들 또한 자신의 꿈을 이룰 수 있는 용기를 북돋아준다.

성공하는 프로컨설턴트들의 공통된 성공 전략

이들의 성공 스토리는 전문성, 문제 해결 능력, 고객 중심 사고라는 세 가지 중요한 요소를 보여준다. 이들은 각자의 경험을 바탕으로 기업들의 실질적인 문제를 해결하고, 고객의 성장을 이끌어냈다. 또한, 빠르게 변화하는 시장 환경에 유연하게 대응하며, 지속적으로 자기 계발을 해왔다.

끊임없는 자기 계발은 프로컨설턴트들이 고객에게 차별화된 가치를 제공하기 위해 지속적으로 자신을 발전시키는 원동력이다. 고객 중심의 문제 해결은 이들이 고객과의 긴밀한 소통을 통해 최적의 솔루션을 제시하고, 궁극적으로 신뢰를 쌓는 데 중요한 역할을 한다. 마지막으로, 시장 변화에 대한 유연성은 프로컨설턴트들이 AI, 빅데이터 등의 신기술을 활용해 혁신적인 솔루션을 제공하며, 변화를 두려워하지 않고 새로운 기회를 잡는 데 필수적인 요소다.

성공적인 프로컨설턴트들의 이야기는 앞으로 컨설팅 경영 시장에서 어떻게 성공적인 커리어를 만들어나갈 수 있는지에 대한 중요한 통찰을 제공한다. 이들의 스토리는 도전을 앞둔 많은 직장인들에게 영감과 용기를 주며, 새로운 도전에 대한 희망을 심어준다.

ChatGPT 시대, AI를 활용한
프로컨설턴트 업무 혁신

오늘날 프로컨설턴트는 전문 지식과 경험을 바탕으로 기업의 문제를 해결하고, 새로운 가치를 창출하는 데 그 역할을 확장하

고 있다. 하지만 급변하는 비즈니스 환경 속에서 기존의 방식만

으로는 경쟁력을 유지하기 어렵다. AI 기술, 특히 ChatGPT와 같은 도구들은 프로컨설턴트의 업무 방식을 근본적으로 바꾸고 있으며, 효율성과 혁신성을 극대화하는 데 중요한 역할을 하고 있다. 이제 AI는 단순한 도구를 넘어서, 프로컨설턴트의 필수 파트너로 자리 잡았다.

AI와 빅데이터로 문제를 해결하는 프로컨설턴트의 비법

AI는 데이터를 다루는 데 있어서 그 어떤 기술보다도 강력한 도구다. 특히 빅데이터 분석에 있어서 AI는 프로컨설턴트에게 방대한 데이터를 신속하고 정확하게 처리할 수 있는 능력을 제공한다. 예를 들어, 기업의 매출 데이터, 고객 피드백, 시장 동향 등을 AI에 입력하면, AI는 이를 분석해 핵심 문제점과 개선 가능성을 빠르게 도출한다. 이는 인간이 수작업으로 분석할 때보다 훨씬 더 효율적이며, 정확한 인사이트를 제공한다.

김영준 님 같은 프로컨설턴트는 AI 도구를 사용해 데이터 기반 의사결정을 강화하고 있다. 대기업 마케팅 전문가로서 그는 데이터를 직접 다루면서도 많은 시간이 걸리는 분석 작업에 부담을 느꼈다. 그러나 ChatGPT와 같은 AI 도구를 도입한 후, 김영준 님은 데이터를 빠르게 분석하고 고객 맞춤형 마케팅 전략을 제시할 수 있게 되었다. AI는 그가 시간과 자원을 절약하면서도 더 높은 수준의 컨설팅 경영 서비스를 제공할 수 있도록 돕고 있다.

AI의 자연어 처리 능력 또한 복잡한 문제를 쉽게 이해하고, 다양한 관점에서 문제를 분석하는 데 큰 역할을 한다. 예를 들어, 조직 문화 개선이 필요한 기업의 경우, AI는 직원들의 피드백을 분석하고 맞춤형 개선 방안을 제시할 수 있다. 이렇게 도출된 데이터는 프로컨설턴트가 고객에게 제시하는 솔루션의 수준을 한층 더 끌어올려준다.

고객 성공을 위한 혁신적인 AI 솔루션 제공

프로컨설턴트의 핵심 가치는 단순히 문제를 해결하는 데 그치지 않는다. 기업의 성장과 발전을 도모하는 전략적 조언과 실행 계획을 제공하는 것이야말로 프로컨설턴트의 진정한 역할이다. AI 기술은 이러한 전략 수립과 실행에 있어 프로컨설턴트의 역량을 한층 강화해준다.

김현수 님은 외국계 자동차 기업에서 고객 경험(CX) 혁신에

매진한 전문가로, AI 기술을 활용해 고객 만족도를 크게 향상시킨 경험을 가지고 있다. 그는 AI를 통해 시장 트렌드 분석, 경쟁사 분석, 고객 분석 등을 수행했고, 이를 바탕으로 맞춤형 CX 솔루션을 제공했다. AI는 수많은 데이터를 처리하고 패턴을 발견해, 인간이 놓치기 쉬운 인사이트를 도출했다. 이러한 AI 기반 솔루션 덕분에 김현수 님은 고객사와의 프로젝트에서 매출 증가와 고객 만족도 상승을 모두 이루어낼 수 있었다.

또한 AI는 다양한 시뮬레이션을 통해 제안한 솔루션의 효과를 미리 예측하고, 최적의 실행 계획을 수립할 수 있게 도와준다. 예를 들어, 새로운 제품 출시 전략을 수립할 때, AI는 다양한 시나리오를 시뮬레이션하여 성공 가능성이 높은 전략을 선택하는 데 도움을 준다. 이는 리스크를 줄이고, 성공 가능성을 극대화하는 데 큰 기여를 한다.

AI와 프로컨설턴트의 완벽한 협업 방법

성공적인 컨설팅 경영 프로젝트는 프로컨설턴트와 고객 간의 긴밀한 협업을 통해 이루어진다. AI는 이러한 협업을 효율적이고 생산적으로 만들어주는 중요한 도구다. 예를 들어, AI 기반 협업 도구는 프로젝트 진행 상황을 실시간으로 공유하고, 피드백을 주고받는 것을 가능하게 한다. 이를 통해 프로젝트의 투명성이 높아지고, 문제 발생 시 신속한 대응이 가능해진다.

민준 님의 사례에서도 AI 기반 협업 도구는 중요한 역할을 했다. 그는 HR 컨설팅 경영 프로젝트에서 AI 도구를 통해 고객과 실시간으로 채용 과정을 공유하고, 직원 성과 관리 시스템을 개선했다. 이 과정에서 AI는 인재 데이터 분석을 통해 보다 정확한 채용과 성과 평가를 지원했으며, 고객의 니즈에 맞춘 최적의 솔루션을 제공할 수 있었다.

AI는 또한 고객과의 소통을 강화하는 데도 큰 역할을 한다. AI 챗봇을 통해 실시간 질문 응답과 정보 제공이 가능해졌고, 이를 통해 고객의 만족도와 신뢰를 높였다. AI가 제공하는 데이터 기반 인사이트는 프로컨설턴트가 고객의 기대를 뛰어넘는 맞춤형 컨설팅 경영 서비스를 제공하는 데 결정적인 역할을 한다.

AI로 컨설팅 경영을 혁신하는 전략

AI는 단순한 도구가 아니라 컨설팅 경영의 혁신을 주도하는 원동력이다. 김영준 님, 김현수 님, 민준 님과 같은 성공적인 프로컨설턴트들은 AI 기술을 적극적으로 활용하여 전문성과 창의성을 결합한 새로운 방식을 개척해 나가고 있다.

AI는 데이터 처리에서부터 고객 분석, 전략 수립, 실행 계획 수립에 이르기까지 전 과정에서 프로컨설턴트의 능력을 향상시키는 데 기여한다. AI의 강력한 분석 능력과 인간의 창의성이 결합될 때, 더 높은 차원의 컨설팅 경영 서비스가 가능해진다. 이는 고객에게 더 큰 가치를 제공하며, 프로컨설턴트가 경쟁 우위를 확보하는 데 중요한 요소가 된다.

AI와 인간의 협력: 미래의 컨설팅 경영 변화

AI 시대의 프로컨설턴트는 단순히 AI 도구를 사용하는 것이 아니라, AI와 인간의 강점을 결합하여 시너지를 창출하는 능력을 갖추는 것이 중요하다. AI의 데이터 처리 능력과 인간의 창의성, 감성 지능을 결합해 더 나은 컨설팅 경영 서비스를 제공할 수 있다.

김현수 님과 민준 님처럼 AI를 적극적으로 활용한 프로컨설턴트들은 고객과 긴밀한 협력을 통해 더 높은 성과를 창출하고 있다. 이처럼 AI와 인간의 협력은 컨설팅 경영의 미래를 이끌어 나갈 핵심 요소가 될 것이다.

결론적으로, AI는 프로컨설턴트에게 업무 혁신을 가져다주며, 더 높은 수준의 서비스 제공을 가능하게 한다. 프로컨설턴트는 AI와의 협력을 통해 새로운 기회를 창출하고, 고객과 함께 성장하는 윈윈 전략을 실현할 수 있다.

억대 연봉 프로컨설턴트의
시간 관리 비법

프로컨설턴트에게 시간은 곧 돈이다. 프로젝트 관리, 고객 미팅, 자료 분석, 보고서 작성까지 하루 24시간이 부족할 정도로 바쁜 일정을 소화하는 프로컨설턴트에게 효율적인 시간 관리는 성공의 열쇠다. 억대 연봉을 받는 프로컨설턴트들은 시간 관리에 있어 특별한 비법을 가지고 있으며, 이를 통해 높은 성과를 달성하고 있다. 그들의 시간 관리 비법을 통해 프로컨설턴트로 가는 길을 열어보자.

프로컨설턴트가 실천하는 효율적인 시간 관리 전략

프로컨설턴트의 일상은 분 단위로 바쁘게 돌아간다. 시간을 얼마나 효율적으로 사용하는지가 수익과 직결되기 때문이다. 컨설팅 경영 서비스는 대개 시간 단위로 가치를 매기기 때문에, 프로컨설턴트들은 효과적인 시간 관리를 통해 더 많은 프로젝트를 처리하고, 수익을 극대화할 수 있다.

억대 연봉 프로컨설턴트들은 하루를 철저하게 계획하고, 중요한 업무에 집중하는 방법을 체계적으로 익혔다. 이들은 일정을 관리하는 데 있어 다양한 디지털 도구를 활용하며, 불필요한 시간을 줄이고 효율성을 극대화한다. 이러한 시간 관리 습관은 그들이 고객에게 최고의 서비스를 제공하는 데도 중요한 역할을 한다.

특히, 프로컨설턴트들은 시간 낭비를 줄이는 데 집중한다. 프로젝트 진행 중에는 불필요한 회의나 반복적인 작업을 최소화하고, 자동화 도구와 프로젝트 관리 시스템을 활용해 효율성을 높인다. 이러한 전략은 높은 성과를 유지하면서도 스트레스를 줄이는 데 큰 도움이 된다.

우선순위 설정으로 생산성 극대화하기

프로컨설턴트는 항상 여러 프로젝트를 동시에 처리해야 하는 상황에 놓여 있다. 우선순위를 설정하고, 중요한 일에 집중하는 능력은 필수적이다. Eisenhower Matrix와 같은 도구를 사용해 중요도와 긴급도를 기준으로 업무를 분류하고, 이를 바탕으로 효율적인 작업 순서를 결정한다.

Eisenhower Matrix는 중요한 일과 긴급한 일을 구분하여 우선순위를 정하는 데 사용하는 도구다. 일은 네 가지 카테고리로 나뉜다.

1. **중요하고 긴급한 일**은 즉시 처리해야 할 업무로, 고객과의 중요한 미팅이나 마감 기한이 임박한 보고서 작성 등이 이에 해당한다.
2. **중요하지만 긴급하지 않은 일**은 장기적으로 중요한 목표를 위한 업무로, 전략 수립이나 새로운 기술 습득 같은 일들이 여기에 속한다.
3. **긴급하지만 중요하지 않은 일**은 즉각 처리할 필요는 있지만, 위임할 수 있는 업무들이다. 단순 반복적인 작업이나 행정적 일들이 포함된다.
4. **중요하지도 긴급하지도 않은 일**은 필요 없는 일에 해당하며, 시간 낭비를 줄이기 위해 제거하는 것이 좋다.

철저한 우선순위 설정을 통해 프로컨설턴트는 핵심 업무에 집중하고, 불필요한 업무를 줄인다.

디지털 도구를 활용해 시간을 절약하는 비법

　프로컨설턴트는 디지털 도구를 적극적으로 활용해 시간을 효율
적으로 관리한다. 캘린더와 프로젝트 관리 소프트웨어는 필수적인
도구로, 이를 통해 일정을 계획하고, 진행 상황을 쉽게 파악할 수
있다. 또한, 알림 기능을 활용해 중요한 일정을 놓치지 않고, 데드
라인을 철저히 지킨다.

　Trello와 같은 칸반 보드 형식의 프로젝트 관리 도구는 할 일
목록과 진행 상태를 시각적으로 정리할 수 있어 팀원 간의 협업을
강화하며, 프로젝트의 진행 속도를 높이는 데 효과적이다. Asana
는 프로젝트의 전체적인 진행 상황을 관리하고, 역할 분담을 명확
하게 할 수 있는 도구다. 팀의 협업을 강화하고, 각 팀원이 어떤 작
업을 해야 하는지 명확하게 보여준다.

　또한, 시간 추적 도구를 통해 자신이 각 프로젝트에 얼마만큼의
시간을 투자하는지 분석할 수 있다. 이를 통해 시간을 효과적으로
배분하고, 효율성을 높이는 방법을 끊임없이 개선해 나간다. 이러
한 도구들은 특히 프로컨설턴트가 프로젝트의 전체 흐름을 관리
하고, 리소스를 최적화하는 데 매우 유용하다.

자투리 시간을 효과적으로 활용하는 방법

프로컨설턴트는 하루 24시간을 최대한 효율적으로 활용한다. 자투리 시간을 잘 활용하는 것이 중요한데, 이 시간들을 작업의 연장선으로 사용해 효율성을 높이는 전략을 적용한다. 예를 들어, 고객 미팅 사이에 남는 시간을 활용해 이메일을 체크하거나, 다음 회의 준비를 미리 해놓는다.

김영준 님은 고객 미팅 중간에 남는 시간을 적극 활용해 다음 프로젝트를 계획하고, 짧은 시간 동안이라도 관련 자료를 미리 검토했다. 이렇게 자투리 시간을 활용함으로써 그는 항상 준비된 상태를 유지할 수 있었고, 이는 고객에게 신뢰를 주는 중요한 요소가 되었다.

Pomodoro 기법처럼 25분 동안 집중한 후, 5분간 휴식을 취하는 방식으로, 자투리 시간을 효과적으로 사용할 수 있다. 자투리 시간 동안 작은 목표를 설정하고 이를 하나씩 성취해 나가는 습관도 중요한데, 이는 하루의 끝에 큰 성과로 이어질 수 있다. 예를 들어, 이동 시간 동안 간단한 자료 분석을 하거나, 고객의 피드백을 검토할 수 있다. 이러한 작은 성과들이 쌓여 더 큰 결과를 이끌어내며, 이는 프로컨설턴트의 생산성 향상에 크게 기여한다.

스트레스 관리를 통해 워라밸을 실현하는 노하우

프로컨설턴트의 바쁜 일정 속에서 스트레스 관리는 매우 중요하다. 시간이 부족한 만큼 효율적으로 일을 처리하는 것 외에도, 자기 관리를 통해 정신적 스트레스를 줄이는 것이 중요하다. 억대 연봉을 받는 프로컨설턴트들은 업무와 일상의 균형을 잘 맞추며, 자신만의 스트레스 관리 전략을 갖추고 있다.

김현수 님은 스트레스를 줄이기 위해 명상과 운동을 생활 속에 도입했다. 일정이 바쁘더라도 짧은 휴식을 통해 재충전의 시간을 가지며, 이는 더 높은 집중력과 업무 성과로 이어졌다. 또한, 그는 고객과의 소통에서 명확한 경계를 설정해 일과 삶의 균형을 유지하는 데 성공했다.

명상 앱인 Headspace나 Calm 같은 도구를 통해 명상을 습관화하면, 짧은 시간 안에 정신적 피로를 풀고 재충전할 수 있다. 프로컨설턴트들은 업무 중에도 휴식을 취할 시간을 확보하고, 정신적 피로를 풀기 위해 다양한 방법을 활용한다. 이는 장기적인 성공을 위해 필수적이며, 꾸준한 성과를 유지하는 데 중요한 역할을 한다.

억대 연봉을 달성한 프로컨설턴트들의 시간 관리 비법은 철저한 계획, 우선순위 설정, 디지털 도구 활용, 그리고 자기 관리에 있다. 이들의 성공 비결을 통해 프로컨설턴트를 희망하는 독자들은 효율적인 시간 관리가 곧 성공의 길임을 알 수 있다. 시간을 효과적으로 지배하는 자만이, 프로컨설턴트로서 억대 연봉의 목표를 이룰 수 있다.

직장 경력을 프로컨설턴트 전문성으로 전환하는 방법

5

　프로컨설턴트를 꿈꾸는 사람들에게 가장 중요한 질문 중 하나는 "지금까지 쌓아온 직장 경력을 어떻게 컨설팅 경영에 활용할 수 있을까?"이다. 프로컨설턴트는 다양한 분야의 전문가들이 각자의 전문성을 바탕으로 활약하는 무대다. 마케팅, 영업, IT, 인사 등 어떤 분야에서 경력을 쌓았든 그 경험은 컨설팅 경영 역량으로 전환될 수 있는 소중한 자산이다. 지금까지의 경력은 컨설팅 경영에 필요한 핵심 역량을 키우는 데 큰 도움이 된다.

직장 경험을 바탕으로 프로컨설턴트로 전환하는 성공 전략

많은 사람들이 기존의 직장 경력을 바탕으로 프로컨설턴트로 성공적인 전환을 이루어냈다. 마케팅, 영업, IT, 인사 등 어떤 분야에서 경력을 쌓았든 그 경험은 충분히 컨설팅 경영 역량으로 전환될 수 있다.

마케팅 전문가는 시장 분석, 고객 니즈 파악, 마케팅 전략 수립 등 다양한 경험을 통해 컨설팅 경영의 핵심 역량을 구축할 수 있다. 특히 고객 이해와 시장 트렌드 분석 능력은 기업들이 필요로 하는 솔루션을 제공하는 데 중요한 자산이 된다. 영업 전문가는 소통 능력과 협상 기술, 고객 문제 해결 능력을 통해 영업 컨설팅에서 두각을 나타낼 수 있다. 고객의 요구와 문제를 빠르게 파악해 해결하는 능력은 컨설팅 경영 프로젝트에서 매우 중요한 자산이다.

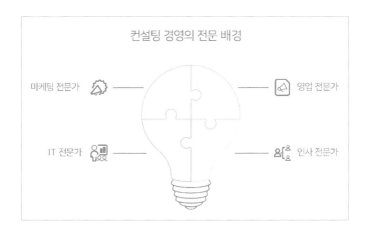

컨설팅 경영의 전문 배경

마케팅 전문가   영업 전문가

IT 전문가   인사 전문가

IT 전문가는 데이터 분석, 시스템 구축, 디지털 전환 전략을 기반으로 IT 컨설팅 경영에서 중요한 역할을 할 수 있다. 특히 오늘날 디지털화가 빠르게 진행되는 환경에서 IT 경험은 필수적인 역량으로 평가된다. 인사 전문가는 인재 채용, 조직 문화 개선, 성과 관리 시스템 구축 등을 통해 HR 컨설팅 경영에서 활약할 수 있다. 인적 자원 관리에 대한 깊이 있는 이해와 경험은 기업의 성과 개선을 돕는 데 큰 자산이다.

자신의 직장 경력을 컨설팅 경영 역량으로 어떻게 전환할 수 있을지 고민해 보고, 부족한 부분은 추가 교육이나 자격증 취득, 네트워킹을 통해 보완해 나가는 것이 중요하다. 성공적인 프로컨설턴트가 되기 위해서는 자신의 강점을 분석하고, 이를 컨설팅 경영에 적용하는 전략을 세워야 한다.

분야별 프로컨설턴트 성공 사례와 전략

다양한 분야에서 경력을 쌓은 사람들이 프로컨설턴트로 성공적으로 전환한 사례는 무수히 많다. 이들의 성공 스토리를 통해 각 분야별 전환 전략과 노하우를 배우고, 자신의 경력을 컨설팅 경영 전문성으로 발전시키는 데 필요한 영감을 얻을 수 있다.

마케팅 전문가는 시장 분석과 고객 니즈 파악, 마케팅 전략 수립에서의 경험을 바탕으로 마케팅 프로컨설턴트로 성공할 수 있다. 마케팅 캠페인을 이끌었던 경험은 기업들이 새로운 시장에 진입하거나 브랜드 전략을 수립하는 데 큰 도움이 된다. 영업 전문가는 고객과의 소통 능력, 협상 능력, 문제 해결 능력을 바탕으로 영업 프로컨설턴트로서 활약할 수 있다. 특히, 영업 경험을 통해 쌓은 고객 네트워크는 컨설팅 경영 프로젝트 수주에 큰 도움이 된다.

IT 전문가는 IT 시스템 구축, 데이터 분석, 프로세스 개선 등의 경험을 살려 IT 컨설팅 경영 분야에서 새로운 도전을 시작할 수 있다. 디지털 트랜스포메이션이 빠르게 진행되는 현대 기업 환경에서 IT 경험은 필수적이다. 인사 전문가는 인재 채용, 교육, 조직 문화 개선 경험을 바탕으로 HR 프로컨설턴트로서 성공적인 커리어를 쌓을 수 있다. 인적 자원 관리와 조직 개선은 기업들이 직면하는 핵심 과제 중 하나이며, 이 분야에서의 전문성은 매우 유용하다.

이들의 성공 사례를 통해 자신의 강점을 파악하고, 프로컨설턴트로서 성공하기 위한 구체적인 전략을 세울 수 있다.

경력 전환을 위한 준비

성공적인 경력 전환을 위해서는 체계적인 준비가 필요하다. 프로컨설턴트로 전환하기 위해서는 컨설팅 경영 이론과 실무 경험을 모두 갖춰야 하며, 이를 위해 다양한 노력을 기울여야 한다.

먼저, 교육 프로그램과 세미나 등에 참여해 컨설팅 경영에 필요한 지식과 기술을 익히는 것이 중요하다. 온라인 강의나 전문 교육 과정을 통해 지속적으로 학습하는 것도 좋은 방법이다. 또한, 경영지도사, 기술지도사 같은 컨설팅 경영 관련 자격증을 취득해 전문성을 입증하고, 고객에게 신뢰를 주는 것이 중요하다. 자격증은 프로컨설턴트로서의 경쟁력을 강화하는 중요한 도구가 된다.

네트워킹도 필수적이다. 컨설턴트 네트워크나 업계 전문가들과의 연결을 통해 협업 기회를 늘리고, 정보를 교류하는 것이 필요하다. 성공적인 경력 전환을 위해선 멘토링과 산업 내 인맥을 적극적으로 활용하는 것이 중요하다. 또한, 자신의 경력과 컨설팅 경영 역량을 보여줄 수 있는 포트폴리오를 작성하여 잠재 고객에게 어필하는 것도 필요하다. 성공적인 프로젝트 사례나 성과를 체계적으로 정리해 구체적인 역량을 드러내는 것이 좋다.

멘토링을 통해 경험 많은 프로컨설턴트에게 실무 노하우와 컨설팅 경영 전략을 배우는 것도 좋은 방법이다. 멘토와의 경험 공유는 시행착오를 줄이는 데 큰 도움이 된다.

퇴직 후 컨설팅 경영 전문가로 전환하는 방법

퇴직 후 새로운 인생을 시작하고자 하는 사람들에게 프로컨설턴트는 매력적인 선택이다. 기존 경력을 바탕으로 새로운 커리어를 쌓고, 자유롭게 일할 수 있는 컨설팅 경영은 퇴직자들에게 많은 기회를 제공한다.

퇴직 전 직장에서 쌓은 경험과 전문 지식은 프로컨설턴트로서의 가장 큰 자산이다. 이를 바탕으로 특정 분야를 선택하고, 차별화된 컨설팅 경영 서비스를 제공할 수 있다. 퇴직 전 쌓아온 인맥을 적극적으로 활용하여 잠재 고객을 발굴하고, 새로운 컨설팅 경영 기회를 확보하는 것도 중요하다. 또한, 계속 배우고 성장하려는 열정과 새로운 도전에 대한 용기는 성공적인 전환을 위한 핵심이다.

자유로운 업무 환경에서 성공하기 위해선 철저한 자기 관리가 필요하다. 시간 관리, 건강 관리, 스트레스 관리 등을 통해 컨설팅 경영 활동을 꾸준히 이어갈 수 있어야 한다.

성공적인 경력 전환을 위한 필수 마인드셋

경력 전환은 누구에게나 큰 도전이다. 하지만 이를 통해 더 큰 성장과 성공을 이룰 수 있다는 자신감을 가져야 한다. 긍정적인 마인드셋과 전략적인 접근, 그리고 끊임없는 노력을 통해 프로컨설턴트로서 성공적인 경력 전환을 이뤄낼 수 있다.

새로운 도전에 대한 자신감을 가지고, 이를 통해 얻을 수 있는 기회를 적극적으로 탐색해야 한다. 프로컨설턴트로서 필요한 역량을 갖추기 위해 지속적으로 배우고 성장해야 한다. 강점을 분석하고, 목표 시장과 고객을 명확히 설정해 전략적으로 접근하는 것도 중요하다. 실패는 성장의 기회다. 실패를 통해 배우고 도전하는 자세를 가져야 한다.

프로컨설턴트로의 경력 전환은 단순한 직업 변화가 아니라, 새로운 성장과 성공의 기회이다.

《1장의 핵심 포인트》

1. 억대 연봉, 컨설팅 경영의 세계로 누구나 도전할 수 있다. 지금 바로 성공의 로드맵을 시작하자.

2. 프로컨설턴트는 기업의 문제를 해결하며 성장과 보람을 동시에 누릴 수 있는 최고의 직업이다.

3. AI 시대, 전문성과 혁신으로 무장한 프로컨설턴트로 변신해 더 큰 성취를 이루자.

4. 시간을 효율적으로 관리해 억대 연봉의 꿈을 실현하자. 성공은 철저한 계획에서 시작된다.

5. 컨설팅 경영의 핵심 역량을 키워 경력을 전환하자. 새로운 도전이 더 큰 성공으로 이어진다.

억대 연봉   최고의 직업   AI 전문성   핵심 역량

Chapter.2

직장인에서
컨설턴트로 변신,
제안서 하나로
인생을 바꾸다

"프로젝트로 인생을 바꾸다

: 성공적인 컨설팅 제안서부터 완벽한 마무리까지"

　컨설팅 경영은 단순한 업무를 넘어 고객의 문제를 해결하고 더 나은 방향으로 이끄는 예술이다. 이 과정에서 첫걸음은 바로 제안서 작성으로, 고객의 마음을 사로잡고 프로젝트 성공을 좌우하는 중요한 문서다. 2장은 직장인들이 컨설턴트로 변신하는 과정을 제안서 작성부터 프로젝트 마무리까지 단계별로 안내한다.

　성공적인 제안서를 작성하려면 고객의 니즈를 깊이 이해하고, 이에 맞는 해결책을 명확히 제시해야 한다. 프로젝트가 시작되면 범위를 설정하고 계획을 세워 모든 팀원이 같은 목표를 향해 나아가도록 해야 한다. 또한, 효과적인 의사소통 전략을 통해 팀 내 협업을 원활하게 이끌어야 한다.

프로젝트 관리

맞춤형 솔루션　　　　　　　　고객의 니즈

효과적인 의사소통

고객을 사로잡는 컨설팅 경영 제안서 작성법

프로컨설턴트에게 컨설팅 경영은 회사가 직면한 문제를 해결하고 성과를 극대화하는 핵심 활동이다. 기업은 성장과 발전을 위해 여러 난관에 봉착하며, 그때마다 전문가의 도움을 받아 문제를 풀어간다. 이때 프로컨설턴트는 회사의 문제를 진단하고 솔루션을 제시하는 중요한 역할을 맡는다.

그러나 성공적인 컨설팅 경영의 시작은 탄탄한 사전 준비에 달려 있다. 프로젝트가 시작되기 전에 충분한 사전 준비가 이루어져야만 고객과의 신뢰를 쌓고, 문제를 정확히 정의하며, 솔루션을 구체화할 수 있다. 이 사전 준비 단계는 프로젝트의 성공을 좌우하는 중요한 과정이다. 이제 프로컨설턴트가 컨설팅 경영을

준비하는 방법과 고객의 마음을 사로잡는 제안서를 작성하는 과
정에 대해 알아보자.

경영 프로젝트 성공 전략 세우기

최고의 프로젝트 관리 체계 만들기

초기 상담을 통해 전략적 준비하기

고객을 설득하는 제안서 작성의 비법

성공적인 프로젝트 마무리 및 피드백 활용법

컨설팅 경영 프로젝트 성공 전략 세우기

컨설팅 경영 프로젝트의 성공을 위한 첫 단계는 전략 수립이
다. 이 단계에서 목표를 설정하고, 이를 달성하기 위한 구체적인
방안을 계획한다. 목표 설정, 전략 설계, 실행 체계 구축은 필수
적으로 필요한 요소다.

목표 설정은 프로젝트의 첫 단계로, 명확한 목표를 세우는 것
이 중요하다. 예를 들어, "고객사의 매출을 10% 증가시킨다"라

는 목표를 세웠다면, 이를 달성하기 위한 방향성을 정립해야 한다. 구체적인 목표는 전략 수립과 성과 평가의 기준이 된다.

그 후에는 이를 달성하기 위한 구체적인 전략을 설계해야 한다. 매출을 증가시키기 위해 신규 제품을 개발할 것인지, 기존 제품을 재정비하고 마케팅 전략을 강화할 것인지 결정하는 단계다. 이 전략은 프로젝트가 어떤 방향으로 나아갈지 결정하는 중요한 계획이다.

마지막으로, 전략을 실행할 수 있는 체계를 구축한다. 프로젝트의 각 단계별 일정과 책임자를 정하고, 회의를 통해 진척 상황을 점검하는 등의 실행 체계를 마련하는 것이 중요하다. 이 체계는 프로젝트의 성공적인 수행을 위한 필수적인 요소다.

프로컨설턴트는 이러한 프로젝트 추진 전략을 통해 명확한 목표 설정과 구체적인 실행 방안을 계획해야 한다. 이 과정에서 고객의 요구와 기대를 충분히 반영하여, 고객사와 함께 성장할 수 있는 기반을 마련할 수 있다.

최고의 프로젝트 관리 체계 만들기

성공적인 컨설팅 경영 프로젝트는 체계적인 관리에서 출발한다. 프로젝트 관리 체계는 목표가 설정된 후 이를 어떻게 효율적으로 운영할지 결정하는 단계다. 정보 공유, 일정 관리, 문제 해결 등의 활동이 프로젝트의 질과 성과를 좌우한다.

정보 공유와 사후 관리는 필수적이다. 고객에게 프로젝트 진행 상황을 투명하게 공유하고, 정기적으로 진행 상황을 보고하며, 고객의 피드백을 반영하는 것이 중요하다. 문제 발생 시 신속하게 대응하는 것도 필수다. 프로젝트가 종료된 후에도 후속 지원을 제공하여 장기적인 신뢰를 쌓아야 한다.

일정 관리는 프로젝트가 계획대로 진행될 수 있도록 돕는 중요한 요소다. 초기 단계에서 설정한 목표와 전략에 따라 모든 작업이 적절한 시점에 수행되어야 한다. 또한, 발생할 수 있는 리스크를 미리 예상하고 대비책을 마련하는 것도 필요하다.

프로컨설턴트는 이와 같은 관리 체계를 통해 프로젝트를 철저하게 운영해야 한다. 고객에게 신뢰를 주고, 프로젝트가 원활하게 진행될 수 있도록 하는 이 체계는 컨설팅 경영의 성공을 이끄는 필수 조건이다.

초기 상담을 통해 전략적 준비하기

프로컨설턴트가 컨설팅 경영을 시작하기 전, 고객과의 첫 만남은 프로젝트의 전반적인 성공을 좌우하는 중요한 순간이다. 초기 상담을 통해 고객과 신뢰를 쌓고, 그들의 문제를 정확히 진단해야 한다.

초기 상담에서 프로컨설턴트는 고객의 요구를 신중히 듣고, 신뢰를 쌓아야 한다. 고객의 입장을 정확히 이해하고, 그들의 문제를 해결하기 위한 진지한 자세로 접근해야 한다. 신뢰를 형성하는 이 과정은 프로젝트 전반에 걸쳐 긍정적인 영향을 미친다.

초기 상담 후에는 고객사의 문제를 면밀히 분석하고 진단하는 예비 진단이 필요하다. 이를 통해 고객이 당면한 문제를 명확히 정의하고, 적합한 해결 방안을 도출할 수 있다. 최근에는 AI를 활용한 데이터 분석을 통해 예비 진단의 정확성을 높이고 있다. AI는 방대한 데이터를 분석하여 기존에 놓치기 쉬운 문제점을 찾아내고, 맞춤형 솔루션을 추천할 수 있다.

예비 진단을 바탕으로 프로젝트 시작 전에 추가 조사를 수행하는 것도 중요하다. 예를 들어, 고객사의 시장 환경, 경쟁자 분석 등을 통해 프로젝트 성공 가능성을 높이기 위한 정보를 수집한다. 이 사전 준비는 컨설팅 경영의 성공적인 실행을 위한 필수적인 과정이다.

고객을 설득하는 제안서 작성의 비법

컨설팅 경영 제안서는 고객의 문제를 해결하기 위한 프로컨설턴트의 아이디어와 전략을 구체화한 문서다. 고객은 제안서를 통해 프로컨설턴트가 제공할 솔루션의 가치를 평가하며, 그 제안이 얼마나 신뢰할 만한지를 판단한다.

문제의 명확한 정의는 제안서 작성의 첫걸음이다. 고객이 당면한 문제를 정확히 이해하고, 그 문제를 해결하기 위한 솔루션을 제시해야 한다. 문제 정의가 명확하지 않다면, 고객은 프로컨설턴트의 역량을 신뢰하기 어려워진다.

솔루션의 구체성도 중요하다. 제안서에는 구체적인 솔루션과 그 솔루션이 어떻게 문제를 해결할 수 있는지 설명해야 한다. 고객이 실질적인 결과를 기대할 수 있도록, 실행 계획과 예상 성과를 상세히 기술해야 한다.

또한, 고객에게 제공할 가치를 명확히 전달해야 한다. 고객은 컨설팅 경영을 통해 어떤 이익을 얻게 될지, 비용 대비 어떤 성과를 기대할 수 있을지 판단한다. 따라서 제안서에는 프로젝트가 제공할 경제적, 전략적 가치를 구체적으로 설명하는 것이 필요하다.

성공적인 프로젝트 마무리 및 피드백 활용법

프로젝트가 성공적으로 마무리된 후에도 고객과의 관계를 유지하는 것은 프로컨설턴트에게 중요한 일이다. 성공적인 피드백 절차는 다음 프로젝트로 이어질 가능성을 높이고, 장기적인 신뢰 관계를 형성하는 데 기여한다.

프로젝트가 끝난 후에는 결과를 평가하고 성과를 점검해야 한다. 이 과정을 통해 프로젝트의 성공 여부를 확인하고, 고객에게 실질적인 성과를 보여줄 수 있다.

또한, 프로젝트 종료 후에도 필요한 경우 추가적인 지원을 제공함으로써 고객의 만족도를 높이고 장기적인 파트너십을 유지할 수 있다. 프로컨설턴트는 이러한 사후 관리를 통해 고객과 지속적인 협력 관계를 구축해야 한다.

이와 같이 철저한 사전 준비와 제안서 작성, 그리고 프로젝트 관리 및 피드백 과정을 통해 프로컨설턴트는 성공적인 컨설팅 경영을 이끌어 나갈 수 있다. 고객과의 신뢰를 바탕으로 한 철저한 준비는 프로젝트의 성공을 보장하며, 이는 프로컨설턴트의 지속적인 성장과 성공을 이어주는 열쇠가 된다.

컨설팅 경영
프로젝트 시작하기

프로컨설턴트에게 컨설팅 경영의 착수 단계는 프로젝트 성공 여부를 결정짓는 중요한 과정이다. 이 단계에서 프로젝트의 범위를 명확히 설정하고, 철저한 계획을 수립하며, 팀을 구성하고 효과적인 의사소통 전략을 마련해야 한다. 착수 단계에서의 준비가 탄탄할수록 앞으로의 모든 과정이 원활하게 진행될 수 있다. 이번 글에서는 컨설팅 경영 프로젝트의 착수 과정에서 각 단계의 중요성과 이를 성공적으로 수행하는 방법을 알아본다.

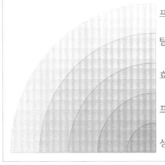

프로젝트 범위 설정과 계획 수립: 성공으로 가는 첫걸음

팀 구성과 역할 분담: 프로젝트 성공의 핵심 비결

효과적인 의사소통 전략으로 성공을 이끌기

프로젝트 추진 계획을 확정하고 실행 준비 마무리하기

성공적인 프로젝트 실행을 위한 모든 준비 완료

프로젝트 범위 설정과 계획 수립 : 성공으로 가는 첫걸음

컨설팅 경영 프로젝트의 성공을 위해 첫 단계에서 프로젝트의 범위를 명확히 정의하는 것이 중요하다. 프로젝트 범위는 다루어야 할 핵심 문제와 해결해야 할 영역을 구체적으로 규정하는 작업이다. 예를 들어, 기업의 마케팅 전략을 개선하는 프로젝트라면, 구체적으로 어떤 제품군에 집중할지, 대상 시장은 어디인지 명확히 정의해야 한다. 범위가 명확하지 않으면 프로젝트가 진행되면서 예상하지 못한 문제가 발생할 수 있으며, 계획된 시간과 자원을 초과할 위험이 있다. 이러한 문제를 방지하기 위해서는 초기에 모든 세부 사항을 명확히 규정하는 것이 필수적이다.

범위가 설정되면, 이를 바탕으로 구체적인 수행 계획을 세운다. 수행 계획은 프로젝트의 각 단계를 세부적으로 나누고, 단계별로 어떤 활동이 필요한지, 어떤 자원이 투입될지 명확히 계획하는 것이다. 이 과정을 통해 프로젝트의 전반적인 흐름을 잡고, 고객과의 협의를 통해 최종적인 일정과 자원 배분을 확정할 수 있다. 프로컨설턴트는 이 과정을 통해 프로젝트의 전반적인 방향을 잡고 성공적인 출발을 위한 기틀을 마련한다.

팀 구성과 역할 분담 : 프로젝트 성공의 핵심 비결

성공적인 프로젝트를 위해서는 적절한 팀 구성과 역할 정의가 필수적이다. 프로컨설턴트는 각 팀원의 역량과 경험을 고려하여 프로젝트에 필요한 다양한 분야의 전문가를 배치해야 한다. 예를 들어, 마케팅 전략 프로젝트에서는 데이터 분석 전문가, 마케팅 전문가, 커뮤니케이션 전문가 등이 필요하다. 이들 각각이 프로젝트의 성공에 중요한 역할을 한다.

팀을 구성한 후에는 각 팀원의 역할을 명확히 정의해야 한다. 누가 어떤 업무를 담당할지, 누가 의사결정의 권한을 가질지 명확히 규정함으로써 팀 내에서 발생할 수 있는 혼란을 줄이고 각자 맡은 역할에 집중할 수 있다. 명확한 역할 정의는 팀원 간의 책임감을 높이고 프로젝트가 더 효율적으로 진행될 수 있도록 돕는다. 프로컨설턴트는 이 과정을 통해 팀 내 협업을 촉진하고, 프로젝트의 각 단계를 효과적으로 이끌어갈 수 있는 기반을 마련한다.

효과적인 의사소통 전략으로 성공을 이끌기

프로컨설턴트는 프로젝트가 원활하게 진행되기 위해서는 팀 내외의 의사소통이 중요하다는 점을 명심해야 한다. 효과적인 의사소통 전략은 정보 공유를 원활하게 하고, 팀원 간의 협력을 촉진하여 프로젝트의 성공 가능성을 높인다.

정보 공유 체계를 구축하는 것이 중요하다. 예를 들어, 주간 회의를 통해 진행 상황을 공유하고, 주요 의사결정이 필요한 경우에는 모든 팀원이 참여하는 회의를 통해 정보를 교환한다. 이를 통해 프로젝트 진행 상황을 정확히 파악하고, 문제 발생 시 신속히 대응할 수 있다.

고객과의 의사소통도 중요하다. 고객의 기대와 요구를 지속적으로 반영하기 위해, 고객과 정기적인 소통을 통해 프로젝트의 진행 상황을 공유하고 피드백을 받아야 한다. 프로컨설턴트는 고객과의 긴밀한 협력을 통해 프로젝트가 성공적으로 진행되도록 이끈다. 의사소통 전략이 성공적으로 작동하면 프로젝트의 성공 가능성은 한층 더 높아진다.

프로젝트 추진 계획을 확정하고 실행 준비 마무리하기

프로젝트 추진 계획을 최종적으로 확정하는 것은 프로젝트 착수 단계의 마지막 절차다. 이 과정에서 앞서 수립한 모든 계획을 종합하여 최종적인 실행 방안을 고객과 내부 팀이 승인하는 과정을 거친다. 추진 계획은 프로젝트의 목표, 주요 일정, 예상되는 리스크 및 해결 방안 등을 명확하게 문서화한다. 이를 통해 모든 팀원이 프로젝트의 전반적인 흐름을 이해하고, 고객에게도 프로젝트가 어떻게 진행될 것인지 명확히 설명할 수 있다.

추진 계획이 완성되면, 이를 고객과 내부 팀에 공유하고 승인을 받는다. 이 승인 절차를 통해 프로젝트의 방향성과 계획이 확정되고, 계획대로 실행될 수 있도록 한다. 프로컨설턴트는 이 최종 계획을 바탕으로 프로젝트를 체계적으로 관리하고, 목표 달성을 위한 로드맵을 확실히 다질 수 있다. 이 단계가 성공적으로 마무리되면 프로젝트는 본격적인 실행 단계로 넘어가며, 체계적인 운영을 통해 성공적인 결과를 도출할 가능성이 높아진다.

성공적인 프로젝트 실행을 위한 모든 준비 완료

프로컨설턴트는 착수 단계에서 범위 설정, 팀 구성, 의사소통 전략 수립, 추진 계획 확정 등을 통해 프로젝트의 기틀을 확실히 다진다. 이 과정에서 모든 준비가 철저히 이루어져야만 이후의 실행 단계에서 예상치 못한 문제들을 효과적으로 해결하고, 프로젝트를 성공적으로 이끌어갈 수 있다. 컨설팅 경영 프로젝트의 성공을 위해서는 이 모든 요소들이 조화롭게 작동해야 한다. 프로컨설턴트는 각 단계를 체계적으로 준비하고 관리함으로써 고객에게 신뢰를 주고, 프로젝트가 목표한 성과를 달성할 수 있도록 이끌어 나가야 한다.

컨설팅 경영 진단
: 문제의 핵심을 파악하라

3

    컨설팅 경영에서 진단 단계는 고객사가 직면한 문제를 정확히 파악하고, 그 해결 방안을 도출하기 위해 가장 중요한 과정이다. 이 단계에서는 기업의 문제를 다양한 방법으로 분석하고 데이터를 수집하며, 이를 토대로 실행 가능한 전략을 수립하는 것이 핵심이다. 프로컨설턴트는 이 과정에서 고객사의 상황을 명확히 이해하고, 그들이 직면한 문제의 근본 원인을 파헤쳐야 한다. 이번 글에서는 경영 진단 단계에서 중요한 세 가지 핵심 요소에 대해 알아본다. 고객 현안과 목표의 심층적 이해, 최신 진단 기술의 활용, 그리고 AI와 빅데이터를 통한 문제 해결이다.

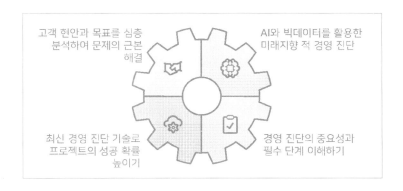

고객 현안과 목표를 심층 분석하여 문제의 근본 해결

프로컨설턴트의 첫 번째 임무는 고객사의 현안과 목표를 깊이 이해하는 것이다. 고객이 겪고 있는 문제는 표면적으로 드러나지 않을 수 있으며, 해결책도 단순한 접근으로는 찾기 어렵다. 고객의 경영 환경과 시장 상황을 세밀히 분석하여 그들이 놓치고 있던 문제를 찾아내고 해결하는 것이 중요하다.

고객의 생각과 목표를 이해하기 위해서는 지속적인 대화와 피드백이 필수적이다. 예를 들어, 고객이 "매출이 감소하고 있다"고만 말했을 때, 그 원인이 단순한 수요 감소인지, 내부 운영의 비효율성인지, 혹은 시장 변화에 대한 대응 부족인지 다양한 각도로 분석해야 한다. 프로컨설턴트는 고객과의 긴밀한 소통을 통해 문제를 다각도로 해석하고, 이를 해결하기 위한 전략을 세운다.

문제 정의는 고객이 인식하는 문제와 실제로 존재하는 문제 사이의 차이를 파악하는 데서 시작된다. 프로컨설턴트는 이러한 차이를 명확히 정의하고, 고객이 제공하는 정보를 철저히 분석해 근본 원인을 밝혀내야 한다.

AI와 빅데이터를 활용한 미래지향적 경영 진단

현대 경영 진단에서 AI와 빅데이터는 매우 중요한 도구로 자리 잡았다. 이들은 대규모 데이터를 빠르게 분석하여 의미 있는 인사이트를 도출하고, 이를 바탕으로 보다 정확한 전략을 수립할 수 있게 한다. 프로컨설턴트는 이러한 첨단 기술을 활용하여 고객사에 혁신적인 해결책을 제시할 수 있다.

빅데이터는 방대한 양의 정보를 분석하고, 그 안에서 패턴을 찾아내는 데 탁월하다. 예를 들어, 고객사의 판매 데이터를 분석해 특정 제품의 판매 증가나 감소 패턴을 찾아내고, 어떤 요인이 영향을 미쳤는지를 파악할 수 있다. 이는 마케팅 전략 수립이나 재고 관리 개선 등 다양한 경영 결정에 도움을 준다.

AI는 과거 데이터를 기반으로 미래를 예측하는 데 강력한 도구다. 고객사의 매출 데이터를 분석해 향후 매출 변화를 예측하거나, 시장 트렌드를 분석해 앞으로의 수요 변화를 예측할 수 있다. 이러한 예측은 고객사가 더 나은 의사결정을 할 수 있도록 돕는다.

프로컨설턴트는 AI와 빅데이터를 활용해 기존의 경영 진단 방식을 혁신하고, 더 빠르고 정확한 해결책을 제시할 수 있다. 이 기술들은 고객사의 문제를 보다 심층적으로 파악하는 데 기여하며, 미래의 변화에 대비할 수 있는 전략을 제공한다.

최신 경영 진단 기술로 프로젝트의 성공 확률 높이기

현대 경영 진단에서는 다양한 기술과 방법론이 활용되고 있다. 프로컨설턴트는 이러한 최신 기술들을 적절히 활용하여 고객사의 문제를 진단하고 해결책을 제시해야 한다.

재무 진단은 재무 상태를 분석하고, 기업의 수익성과 유동성을 평가하는 과정이다. 재무제표 분석을 통해 기업의 자산 활용도, 부채 구조, 이익률 등을 파악하고, 재무적 리스크를 줄일 수 있는 방안을 제시한다. 예를 들어, 고객사가 자본 활용에 비효율성을 겪고 있다면, 이를 해결하기 위한 재무 전략을 세울 수 있다.

운영 진단은 운영 프로세스를 분석해 효율성을 높이고 비용 절감을 도모하는 것이다. 생산 공정이나 물류 시스템을 개선하고, 인적 자원의 배치를 최적화함으로써 고객사의 운영 효율을 극대화할 수 있다. 프로컨설턴트는 이를 통해 비용 절감과 더불어 고객사의 경쟁력을 강화하는 데 기여할 수 있다.

마케팅 진단은 마케팅 전략을 평가하고, 시장에서의 경쟁력을 높이기 위한 전략을 수립한다. 고객 분석, 시장 조사, 경쟁사 분석 등을 통해 마케팅 활동의 효율성을 진단하고, 새로운 마케팅 기회를 찾아낸다. 예를 들어, 특정 고객군을 타깃으로 한 마케팅 전략을 제시해 신규 고객 확보나 기존 고객 유지율을 높일 수 있다.

인적자원 진단은 조직의 인적 자원 관리 방식을 분석하여 직원들의 성과를 최적화하고 조직 문화를 개선하는 것이다. 인재 채용, 교육 프로그램, 보상 체계 등을 개선해 인적 자원의 효율성을 높인다. 이는 고객사가 더 나은 조직 환경을 구축하고 직원들의 동기 부여를 촉진하는 데 도움을 준다.

전략 진단은 기업의 장기적인 성장 전략을 점검하고, 외부 환경 변화에 대응할 수 있는 방안을 제시한다. SWOT 분석, PEST 분석 등을 통해 기업의 내부 역량과 외부 요인을 종합적으로 평가하고, 경쟁력을 유지하기 위한 전략을 도출한다. 이를 통해 고객사는 변화하는 시장 상황에 발맞추어 성장 전략을 세울 수 있다.

기술 진단은 고객사가 보유한 기술을 평가하고, 기술 혁신을 통해 경쟁력을 강화할 수 있는 방안을 모색한다. 최신 기술 트렌드를 반영해 R&D 활동을 촉진하고, 기술적 우위를 확보하는 데 필요한 전략을 제안할 수 있다.

프로컨설턴트는 이러한 최신 경영 진단 기술들을 활용해 고객사의 문제를 보다 심층적으로 분석하고, 효과적인 해결책을 제공할 수 있다. 진단 과정에서 얻은 정보는 전략 수립과 실행의 중요한 기초 자료가 되며, 이를 통해 고객사는 더 나은 경영 성과를 달성할 수 있다.

⌒ 경영 진단의 중요성과 필수 단계 이해하기

경영 진단은 고객사의 문제를 발견하고, 이를 해결하기 위한 전략을 수립하는 중요한 과정이다. 프로컨설턴트는 이 과정에서 고객사의 현안과 목표를 깊이 이해하고, AI와 빅데이터 등 최신 기술을 활용해 보다 정확한 진단을 내려야 한다. 진단 과정이 성공적으로 이루어지면 이후의 전략 수립과 실행 단계에서 성공적인 결과를 이끌어낼 수 있다.

결국, 경영 진단은 프로젝트의 방향을 결정짓는 핵심 단계다.

프로컨설턴트는 고객사의 문제를 정확히 파악하고 이를 바탕으로 최적의 해결책을 제시함으로써 고객사의 성공을 이끌어내는 중요한 역할을 수행해야 한다.

맞춤형 솔루션으로
승부하라

컨설팅 경영에서 개선 방안을 도출하는 단계는 진단 단계에서 파악한 문제와 그 원인을 바탕으로, 고객의 상황에 맞는 최적의 해결책을 제시하는 매우 중요한 과정이다. 이 과정에서는 고객이 직면한

개선 방안 도출의 목적과
중요성 파악하기

창의적인 문제 해결을 위한
정보 처리 기법 활용

효과적인 컨설팅 운영
전략으로 성과 극대화

고객 맞춤형 해결책
을 통한 컨설팅경영
성공 사례 분석

문제를 근본적으로 해결하고, 조직의 성과를 높이기 위한 구체적인 전략을 세우게 된다. 프로컨설턴트는 이 단계에서 고객의 요구와 기대를 철저히 반영해 고객 맞춤형 솔루션을 제시해야 한다.

개선 방안 도출의 목적과 중요성 파악하기

개선 방안 도출의 가장 중요한 목적은 고객사가 직면한 문제를 해결하고, 지속 가능한 성과를 낼 수 있도록 돕는 것이다. 이 과정에서 핵심은 고객의 구체적인 니즈에 부합하는 해결책을 제시하는 데 있다. 고객사가 직면한 문제를 해결하려면 우선 그 문제를 정확히 분석하고, 여러 대안을 검토하여 가장 적합한 방법론을 선택해야 한다. 고객에게 적절한 해결책을 제시하지 못하면 실질적인 실행이 어렵다. 따라서 프로컨설턴트는 고객사의 현황을 깊이 이해한 후, 실현 가능한 계획을 마련하는 데 집중해야 한다. 이러한 계획은 고객사가 실질적으로 실행할 수 있도록 구체적인 목표와 실행 절차를 포함하고 있어야 한다.

개선 방안 도출 과정에서는 진단 결과를 바탕으로 문제를 분석하고, 다양한 해결 대안을 고려해야 한다. 이후, 이 대안들이 고객사의 요구와 일치하는지 검토한 후, 최종적인 해결책을 도출하게 된다. 이 과정에서 중간 보고서를 작성해 고객에게 전달하고, 고객의 피드백을 반영해 최종 보고서를 완성한다.

창의적인 문제 해결을 위한 정보 처리 기법 활용

고객 맞춤형 솔루션을 도출하는 과정에서 프로컨설턴트는 다양한 정보 처리 기법을 활용한다. 특히 문제 해결을 위한 창의적 접근이 필요할 때 여러 기법들이 효과적으로 사용된다.

창조지향형 이슈는 새로운 아이디어가 요구되는 상황에서 발생한다. 예를 들어, 고객이 혁신적인 제품을 출시하려 할 때 기존 방식과는 다른 창의적 해결책이 필요하다. 이때 프로컨설턴트는 기존의 관점에서 벗어나 새로운 방식을 도입하거나 혁신적인 비즈니스 모델을 제안하는 역할을 한다.

분석지향형 이슈는 기존 데이터를 바탕으로 문제의 원인을 찾고 해결하는 방식이다. 예를 들어, 매출 감소의 원인을 파악하기 위해 과거 데이터를 분석하고 그에 따른 개선 방안을 제시하는 것이 대표적이다. 이 유형에서는 데이터 분석 능력이 중요하며, 데이터를 기반으로 한 증거 기반의 해결책이 필요하다.

가설설정형 이슈는 문제의 원인이 복잡하거나 명확하지 않을 때 주로 사용된다. 예를 들어, 고객 이탈 원인을 분석하기 위해 여러 가설을 설정하고 각 가설을 실험을 통해 검증하면서 문제의 해결책을 찾아가는 방식이다. 이 방법은 복잡한 문제를 체계적으로 해결하는 데 효과적이다.

브레인스토밍과 브레인라이팅은 창의적 문제 해결에 유용한 기법이다. 브레인스토밍은 여러 사람의 아이디어를 빠르게 수집하는 기법이며, 브레인라이팅은 더 구조화된 방식으로 아이디어를 서면으로 기록해 발전시키는 방법이다.

KJ법은 다양한 정보를 그룹화해 중요한 패턴을 발견하는 분석 기법으로, 복잡한 문제에 대한 체계적인 해결책을 도출하는 데 유용하다.

고객 맞춤형 해결책을 통한 컨설팅 경영 성공 사례 분석

컨설팅 경영에서 개선 방안을 도출하는 과정은 고객사가 직면한 문제를 해결하고 지속 가능한 성과를 달성하기 위한 필수적인 단계다. 프로컨설턴트는 다양한 기법을 통해 창의적이고 실현 가능한 해결책을 찾아내며 이를 통해 고객사의 성장을 도모한다.

개선 방안 도출의 성공 여부는 프로젝트의 전체 성과를 결정짓는 중요한 요소다. 프로컨설턴트는 고객 맞춤형 솔루션을 통해 실질적인 가치를 제공하고 고객사의 성장을 돕는 파트너로서 중요한 역할을 한다.

실행 계획 수립 가이드
: 성공의 설계도

5

컨설팅 경영에서 가장 중요한 단계 중 하나는 실행 계획 수립이다. 이 단계는 개선 방안을 실제로 실행할 수 있도록 구체적이고 명확한 계획을 세우는 것을 목표로 한다. 프로컨설턴트는 이 과정을 통해 고객이 제

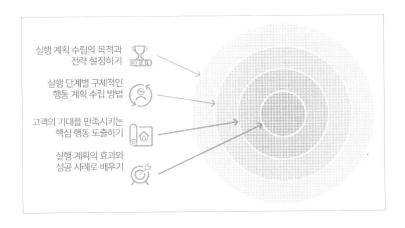

안된 솔루션을 현실로 만들 수 있게 돕는다. 단순히 아이디어를 제시하는 것에 그치지 않고, 그 아이디어가 실현될 수 있도록 체계적이고 철저한 계획을 수립해 고객의 기대를 충족시키고 성공적인 결과를 만들어내는 것이 핵심이다.

실행 계획 수립의 목적과 전략 설정하기

실행 계획 수립의 목적은 고객이 필요로 하는 개선 방안을 실행 가능하게 만드는 것이다. 이때 가장 중요한 것은 계획이 구체적이고 명확해야 한다는 점이다. 혼다 자동차의 유명한 광고 사례를 떠올려 보자. 이 광고는 단 한 번의 시도로 완성된 것이 아니라, 무려 606번의 시도 끝에 성공을 거둔 사례다. 이처럼 성공적인 실행을 위해서는 철저한 계획과 여러 번의 검증, 반복이 필요하다.

- **목표 설정** : 프로컨설턴트는 고객의 기대와 목표를 정확히 파악해야 한다. 고객이 무엇을 원하는지 이해하고, 그에 맞춰 계획을 세우는 것이 실행 계획의 핵심이다. 예를 들어, 고객이 매출 증대를 기대한다면, 그 목표를 달성하기 위한 마케팅 전략, 판매 프로세스 개선 등 구체적인 행동 방안을 계획해야 한다.
- **평가 기준 설정** : 평가 기준은 계획의 성공 여부를 측정할 수 있는

도구다. 이를 통해 계획이 제대로 진행되고 있는지, 목표에 가까워지고 있는지를 확인할 수 있다. 예를 들어, 일정 기간 동안 매출 증가율이나 고객 만족도 변화를 지표로 설정해 성과를 지속적으로 모니터링할 수 있다. 이 과정에서 성과가 부족할 경우 즉각적으로 조정하는 것도 가능하다.

실행 단계별 구체적인 행동 계획 수립 방법

실행 계획은 구체적인 단계로 나누어 체계적으로 수립된다. 각 단계는 상호 연결되어 있으며, 단계별로 필요한 자원과 인력을 적절히 배치하는 것이 중요하다.

- **첫 번째 단계 : 시장 조사 및 고객 기대 사항 파악** – 실행 계획을 수립하기 전, 시장 조사와 고객 기대 사항을 정확히 파악해야 한다. 예를 들어, 고객이 시장 점유율 확대를 목표로 한다면, 먼저 시장의 경쟁 상황과 고객이 원하는 니즈를 파악하는 것이 중요하다. 이를 통해 고객이 원하는 방향성을 구체적으로 이해할 수 있다.
- **두 번째 단계 : 실행 전략 수립** – 시장 조사 결과를 바탕으로 실행 가능한 전략을 세운다. 예를 들어, 고객의 요구에 맞춘 제품 개발이나 마케팅 캠페인을 어떻게 진행할 것인지 구체적인 전략

을 설계한다. 이때, 각 전략이 실행 가능한지를 검토하며 계획의 현실성을 높인다.

- **세 번째 단계 : 실행 계획 구체화 –** 실행 전략을 구체적으로 세분화해 누가 언제 무엇을 할 것인지 명확히 규정한다. 예를 들어, 제품 개발 팀은 어떤 기능의 제품을 언제까지 완성해야 하는지, 마케팅 팀은 어떤 방법으로 고객에게 접근할 것인지 세부적으로 정리해야 한다. 이를 통해 실행 과정에서 발생할 수 있는 혼란을 최소화하고, 계획이 일관되게 진행되도록 한다.

- **네 번째 단계 : 실행 및 모니터링 –** 계획이 실행될 때 지속적인 모니터링이 필요하다. 이 단계에서는 계획이 원활히 진행되고 있는지 확인하고, 예상치 못한 문제에 대비해 적절한 조치를 취해야 한다. 예를 들어, 마케팅 전략이 예상만큼 효과가 없을 경우, 광고 방법을 수정하거나 새로운 채널을 도입하는 등 즉각적인 대응이 필요하다.

- **다섯 번째 단계 : 성과 평가 및 피드백 –** 마지막으로, 계획이 완료된 후 성과를 평가하고 피드백을 수집하는 단계다. 이 단계에서 프로컨설턴트는 계획이 얼마나 효과적으로 실행되었는지, 목표를 달성했는지 평가한다. 예를 들어, 매출 증가율이나 고객 만족도를 지표로 설정해 결과를 측정하고, 이를 기반으로 다음 프로젝트에 적용할 피드백을 모은다.

고객의 기대를 만족시키는 핵심 행동 도출하기

고객의 기대 사항을 충족시키는 것은 실행 계획 수립에서 가장 중요한 부분이다. 프로컨설턴트는 고객이 기대하는 결과를 명확히 이해하고, 그 기대를 충족하기 위한 핵심 행동을 도출해야 한다.

- **핵심 행동 도출** : 고객의 기대를 충족시키기 위해 반드시 실행해야 하는 구체적인 행동을 찾아내는 과정이다. 예를 들어, 고객이 고객 만족도 향상을 목표로 한다면, 서비스 교육 프로그램을 도입하거나, 고객 피드백 시스템을 개선하는 등의 핵심 행동을 계획에 포함시킬 수 있다.
- **평가 지표 설정** : 고객이 기대하는 결과를 달성하기 위해서는 정량적 평가 기준이 필요하다. 이를 통해 계획이 올바른 방향으로 진행되고 있는지를 지속적으로 평가할 수 있다. 예를 들어, 매출 증가율, 고객 만족도 변화 등과 같은 지표가 사용될 수 있다.

실행 계획의 효과와 성공 사례로 배우기

실행 계획 수립의 효과는 실질적인 결과로 나타난다. 구체적인 계획을 통해 고객이 원하는 목표를 달성하고, 우수한 성과를 기록하는 것이 프로컨설턴트의 궁극적인 목표다.

- **성공 사례 도출** : 실행 계획이 성공적으로 이루어졌을 때 그 결과를 우수 사례로 정리해 다른 프로젝트에도 적용할 수 있다. 예를 들어, 한 고객사에서의 매출 증대 사례를 다른 고객에게도 적용할 수 있도록 공유하고, 이를 통해 동일한 성과를 거둘 수 있도록 지원할 수 있다.

결론: 실행 계획 수립이 성공적인 프로젝트를 이끄는 열쇠

실행 계획 수립은 비즈니스 성공의 핵심이다. 프로컨설턴트는 고객의 기대를 충족시키기 위해 구체적이고 실현 가능한 계획을 수립해야 하며, 이를 통해 최고의 결과를 도출할 수 있다. 고객의 요구를 철저히 이해하고, 그 기대에 맞는 실행 계획을 수립함으로써, 컨설팅 경영 프로젝트가 성공적으로 마무리될 수 있다.

궁극적으로, 철저한 실행 계획은 고객사의 지속적인 성과 창출을 가능하게 하며, 프로컨설턴트의 신뢰와 전문성을 높이는 중요한 도구가 된다.

프로젝트 종료
: 성공적인 마무리와 새로운 시작

6

컨설팅 경영 프로젝트의 마지막 단계는 종료 단계로, 성공적인 마무리와 다음 기회를 위한 발판을 마련하는 중요한 과정이다. 이 단계에서 프로컨설턴트는 프로젝트의 결과를 명확하게 전달하고, 고객과

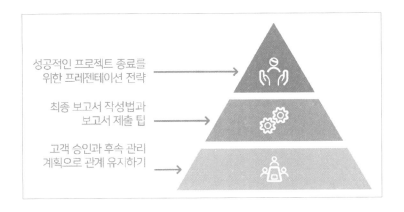

의 신뢰를 더욱 강화하는 역할을 맡는다. 또한, 프로젝트가 성공적으로 끝난 후 후속 관리와 차기 프로젝트로의 전환까지도 준비해야 한다. 이제 성공적인 종료 전략과 실행 방안을 구체적으로 살펴보자.

성공적인 프로젝트 종료를 위한 프레젠테이션 전략

종료 단계에서 프레젠테이션은 프로젝트의 최종 결과를 고객에게 효과적으로 전달하는 핵심 도구다. 프로컨설턴트는 이 과정에서 고객을 설득하고 만족시킬 수 있는 프레젠테이션 능력을 발휘해야 한다. 프로젝트 결과물이 아무리 뛰어나도 이를 명확하게 전달하지 못하면 성과가 제대로 인정받기 어렵기 때문이다.

프레젠테이션의 핵심 목표는 고객의 만족과 신뢰를 구축하는 것이다. 이를 위해 프로컨설턴트는 고객이 중요하게 여기는 부분을 강조하고, 구체적인 성과 데이터를 통해 설득력 있는 발표를 준비해야 한다. 예를 들어, 판매량 증가율이나 비용 절감 수치 등을 시각적으로 명확하게 표현하는 것이 중요하다.

또한, 성공적인 프레젠테이션을 위해서는 설득력 있는 메시지를 구성해야 한다. 구체적이고 간결하게 핵심 내용을 전달하며, 고객이 프로젝트의 가치를 실감할 수 있도록 다양한 사례와 데이터를 제시해야 한다. 프로컨설턴트는 고객의 니즈와 기대를 정확히 파악한 후,

그에 맞춰 메시지를 구성하는 것이 중요하다.

최종 보고서 작성법과 보고서 제출 팁

보고서는 프로젝트의 결과를 문서로 남기는 중요한 산출물이다. 보고서는 고객과의 공식적인 기록이자, 프로젝트의 성공을 입증하는 도구로 기능한다. 따라서 보고서 작성 시에는 철저한 준비와 세심한 주의가 필요하다.

보고서는 명확하고 체계적인 구조를 갖춰야 한다. 표지, 목차, 주요 내용, 결론 등이 일관된 형식으로 정리되어 있어야 하며, 각 항목은 고객이 쉽게 이해할 수 있도록 구성해야 한다. 서술어는 간결하면서도 명확하게 사용하여 고객이 핵심 내용을 빠르게 파악할 수 있도록 해야 한다.

텍스트만으로 설명하기 어려운 부분은 차트, 그래프, 도형 등을 활용해 시각적으로 전달하는 것이 좋다. 예를 들어, 매출 증가율이나 비용 절감 비율 등은 그래프로 표현하면 고객이 더 쉽게 이해할 수 있다. 다만, 시각 자료는 일관성 있게 구성하고, 과도한 장식이나 복잡한 그래픽은 피해야 한다. 시각적 요소는 정보를 명확하게 전달하기 위한 보조 도구일 뿐, 시선을 분산시키지 않아야 한다.

또한, 보고서에는 정량적 데이터와 정성적 평가를 결합해 설득력을 높여야 한다. 정량적 근거는 수치와 데이터를 기반으로 한 결과를, 정성적 근거는 인터뷰나 사례를 통한 질적 분석을 포함한다. 두 가지 근거를 적절히 결합하면 보고서의 신뢰도가 높아지고, 고객이 결과를 보다 쉽게 받아들일 수 있다.

고객 승인과 후속 관리 계획으로 관계 유지하기

프로컨설턴트가 프로젝트 종료 단계에서 반드시 수행해야 할 마지막 과제는 고객의 승인을 얻는 것이다. 이 승인 과정을 통해 프로젝트는 공식적으로 완료되며, 후속 작업에 대한 계획이 시작된다.

보고서와 프레젠테이션을 통해 프로젝트의 성과를 명확히 전달하고, 고객의 승인을 얻는다. 고객이 프로젝트 결과를 만족하고 긍정적으로 평가할 수 있도록, 보고서의 내용과 프레젠테이션에서 논리적 근거와 성과 데이터를 충분히 제공하는 것이 중요하다.

프로젝트 종료 후에도 고객과의 관계를 유지하고, 추가적인 후속 관리를 제공해야 한다. 예를 들어, 프로젝트에서 제시된 개선 방안이 실질적으로 잘 실행되고 있는지 모니터링하고, 필요시 추가적인 조치를 취할 수 있는 계획을 제안한다. 이러한 후속 관리 단계에서 고객의 신뢰를 더욱 강화할 수 있다.

성공적인 프로젝트 종료는 종종 차기 프로젝트로 이어지는 중요한 기회가 된다. 고객에게 만족스러운 결과를 제공하면, 추가적인 컨설팅 경영 프로젝트를 제안할 수 있다. 이때 중요한 것은 고객이 느낀 프로젝트의 가치를 기반으로 장기적인 파트너십을 구축하는 것이다.

결론 : 성공적인 프로젝트 종료와 다음 단계로 이어지는 시작

컨설팅 경영의 종료 단계는 단순한 프로젝트의 마무리가 아니라, 새로운 기회와 성장을 준비하는 중요한 과정이다. 성공적인 프레젠테이션과 명확한 보고서를 통해 고객의 신뢰를 얻고, 후속 관리 계획을 수립함으로써 장기적인 파트너십을 강화할 수 있다.

프로컨설턴트는 이 단계에서 고객이 프로젝트의 성과를 명확히 이해하고, 그 결과에 만족할 수 있도록 철저한 준비를 해야 한다. 고객의 신뢰를 바탕으로 더 많은 기회를 창출하고, 새로운 프로젝트로의 연결을 도모하는 것이 컨설팅 경영의 궁극적인 목표다.

《2장의 핵심 포인트》

1. 컨설팅 경영의 성공은 뛰어난 제안서 작성에서 시작된다. 고객의 마음을 사로잡는 전략적 준비가 핵심이다.

2. 컨설팅 프로젝트의 성공은 철저한 계획 수립과 팀 구성, 그리고 효과적인 의사소통에서 비롯된다.

3. 문제의 근본을 파악하는 진단 능력은 컨설턴트의 가장 중요한 역량이다. AI와 빅데이터는 이를 강화하는 도구다.

4. 맞춤형 솔루션은 컨설팅 경영의 성패를 좌우한다. 창의적 접근과 철저한 정보 분석이 필요하다.

5. 성공적인 실행 계획은 현실적인 전략과 구체적인 행동 계획에서 시작된다. 철저한 준비가 성공을 만든다.

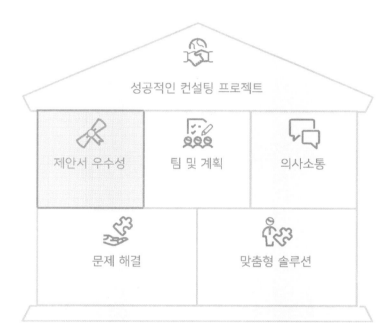

성공적인 컨설팅 프로젝트

| 제안서 우수성 | 팀 및 계획 | 의사소통 |

문제 해결

맞춤형 솔루션

Chapter.3

커리어 대변신,
성공하는 프로컨설턴트의
6가지 핵심 전략

프로컨설턴트로 성공하기 위해서는 단순한 이론적 지식만으로는 부족하다. 실제 현장에서의 실전 감각과 핵심 역량이 필수적이다. 3장은 프로컨설턴트로서 커리어를 성공적으로 전환하기 위해 필요한 6가지 핵심 비법을 제시한다. 이 장에서는 컨설팅 경영에서 중요한 커뮤니케이션 스킬, 철저한 리서치, 문제 해결을 위한 컨설테이션, 협력의 중요성, 실행 역량, 그리고 진심 어린 조언까지 다룬다.

성공적인 컨설팅 프로젝트는 고객과의 신뢰 기반 커뮤니케이션에서 시작된다. 고객의 마음을 사로잡는 소통 전략은 프로젝트의 성공을 좌우한다. 또한, 데이터를 기반으로 한 철저한 분석과 리서치는 문제 해결의 첫걸음이다. 프로컨설턴트는 고객의 니즈를 정확히 파악하고, 맞춤형 솔루션을 제시하는 데 강점을 가져야 한다.

신뢰 vs. 리서치

신뢰 기반 커뮤니케이션

강력한 고객 관계 구축

철저한 리서치

정확한 문제 이해 보장

프로컨설턴트가 되는
6가지 필수 비법

프로컨설턴트는 단순히 문제를 해결하는 것에 그치지 않는

다. 그들은 고객과 협력하여 문제를 분석하고, 숨겨진 가능성을 발굴해 더 큰 성장을 이끌어내는 '페이스메이커' 역할을 한다. 이 역할을 효과적으로 수행하기 위해서는 6가지 핵심 역량이 필요하다. 이 역량들은 컨설팅 경영 프로젝트의 시작부터 종료까지 프로컨설턴트가 고객과 함께 성공의 마라톤을 완주하기 위한 필수 요소다. 앞의 그림은 그 6가지 핵심 역량과 실전에서 어떻게 이를 활용할 수 있는지에 대한 설명이다.

컨설팅 경영 커뮤니케이션 : 성공을 위한 마법의 열쇠

컨설팅 경영에서 원활한 소통은 성공의 핵심 요소다. 프로컨설턴트가 고객과의 관계에서 신뢰를 구축하고 프로젝트를 성공으로 이끌기 위해서는 효과적인 커뮤니케이션이 필수적이다.

커뮤니케이션이 단절되면 프로젝트 실패와 신뢰 상실을 초래할 수 있다. 성공적인 커뮤니케이션은 고객의 의견을 경청하고, 이해하기 쉬운 방식으로 문제를 설명함으로써 신뢰를 쌓고 프로젝트를 성공으로 이끈다. 복잡한 개념을 고객의 눈높이에 맞춰 설명하고, 공감대를 형성하며 고객의 숨겨진 문제를 해결할 수 있도록 돕는 것이 중요하다. 신뢰가 구축되면 프로젝트는 빠르게 진행되고, 고객은 더 나은 성과를 얻을 수 있다. 솔직하고 투명한 의사소통, 적극적인 경청과 공감, 명확한 목표 설정 및 지속적인 피드백 제공을 통해 신뢰를 더욱 강화해야 한다.

리서치 : 성공을 이끄는 정보 수집과 분석 기술

리서치는 프로컨설턴트가 문제를 정확히 이해하고 해결책을 제시하기 위해 필수적인 역량이다. 성공적인 컨설팅 경영을 위해서는 철저한 자료 수집과 분석이 필요하다.

정보를 체계적으로 수집하고, 이를 정확하게 검증하는 과정이 중요하다. 다양한 소스에서 데이터를 모아 큰 그림을 그려야 한다. 수집된 데이터를 면밀히 분석해 문제의 근본 원인을 파악하고, 실질적인 해결책을 도출할 수 있는 기반을 마련해야 한다. 데이터 분석을 바탕으로 고객이 직면한 문제의 핵심을 명확히 정의하고, 프로젝트의 방향성과 목표를 설정해야 한다. 시장 조사와 AI 활용을 통해 방대한 데이터를 신속하고 정확하게 분석하는 것이 성공적인 프로젝트를 이끄는 핵심이다.

컨설테이션 : 고객의 문제를 해결하는 맞춤형 솔루션 제시

컨설테이션은 프로컨설턴트가 고객의 문제를 분석하고, 실행 가능한 해결책을 제시하는 핵심 과정이다. 이 단계에서 프로컨설턴트는 고객의 비즈니스에 혁신을 가져다줄 솔루션을 제시하며, 그들이 원하는 성과를 달성할 수 있도록 지원한다.

먼저 문제를 명확히 정의하고, 컨설팅 경영의 목표와 범위를 설정하는 것이 첫 단계다. 그 후, 다양한 방법을 통해 문제와 관련된 정보를 수집하고, 그 데이터를 바탕으로 문제의 근본 원인을 파악한다. 창의적인 사고와 다양한 분석 기법을 활용해 여러 가지 해결책을 탐색하고, 최적의 경로를 찾는다. 고객의 상황에 맞는 최적의 솔루션을 선택하고, 구체적인 실행 계획을 수립한후, 솔루션이 효과적으로 실행되도록 지원하고 성과를 측정하며지속적인 개선을 도모한다.

코디네이션 : 고객과 협업하여 시너지 효과 창출

코디네이션은 프로컨설턴트가 고객과 함께 새로운 가치를 창출하기 위해 긴밀히 협력하는 과정을 의미한다. 이 과정에서 다양한 이해관계자들과의 협력을 통해 시너지 효과를 극대화하고, 성공적인 프로젝트를 완성하는 것이 핵심이다.

다양한 이해관계자로부터 프로젝트에 필요한 정보를 수집하고, 이를 팀원들과 공유해 협업의 기반을 마련해야 한다. 고객의 요구와 기대를 명확히 이해하고, 이를 통해 프로젝트 목표에 맞는 솔루션을 개발한다. 프로젝트 진행 상황과 분석 결과를 투명하게 공유하며, 고객과의 조율을 통해 최적의 합의점을 도출하고, 갈등이 발생했을 때 이를 신속하게 중재하고 해결하여 긍정적인 협업 환경을 조성한다. AI 기반 협업 도구를 통해 정보 공유와 프로젝트 관리를 효율적으로 지원하는 것도 중요하다.

컨설턴트의 실행 역량
: 컨트롤을 통해 프로젝트 성과 극대화

컨트롤은 프로컨설턴트가 제시한 솔루션을 실행으로 옮기고, 그 과정에서 모든 단계를 체계적으로 관리하는 핵심 역량이다. 실행이 뒷받침되지 않는다면 뛰어난 아이디어와 분석도 가치를 잃게 된다.

솔루션 실행 전후의 데이터를 비교하여 그 효과를 객관적으로 평가하고, 명확한 목표를 설정해 이를 달성하기 위한 구체적인 실행 전략을 마련해야 한다. 핵심성과지표(KPI)를 통해 성과를 객관적으로 평가하고, 지속적으로 개선할 수 있도록 성과를 관리한다. 파레토 법칙을 활용해 성과에 직접적인 영향을 미치는 핵심 활동을 파악하고, 이를 중점 선행 지표로 설정해 관리한다. 프로젝트의 진행 상황과 성과를 시각적으로 표현하고, 이를 팀원 및 고객과 공유해 투명하고 효율적인 협업을 이끄는 것도 중요하다.

카운슬 : 고객 성장을 이끄는 진심 어린 조언과 멘토링

카운슬은 프로컨설턴트가 고객에게 단순히 해결책을 제시하는 것을 넘어, 그들이 스스로 문제를 인식하고 해결할 수 있는 능력을 키워주는 중요한 단계다. 이 과정에서 프로컨설턴트는 고객의 잠재력을 끌어내고, 함께 발전하는 파트너로서의 역할을 수행해야 한다.

고객의 문제에 진심으로 공감하며, 그들의 입장에서 문제를 함께 해결해 나가는 자세가 필요하다. 이를 통해 신뢰를 쌓고, 파트너십을 강화해야 한다. 데이터와 논리적 근거를 바탕으로 고객을 설득하고, 고객이 제시된 솔루션을 실천할 수 있도록 지원해야 한다. 또한, 고객과의 협상에서 상호 이익을 조율하고, 모두가 만족할 수 있는 해결책을 찾는 창의적인 옵션 개발과 객관적인 기준 설정이 필수적이다. 고객의 니즈를 정확하게 파악하고, 컨설팅의 가치를 명확하게 전달해 고객이 솔루션을 선택하도록 유도하는 것도 중요하다.

결론 : 핵심 역량으로 지속 성장하는 프로컨설턴트

이 6가지 핵심 역량은 프로컨설턴트가 고객과의 긴밀한 협력을 통해 문제를 해결하고, 성공적인 컨설팅 경영 프로젝트를 수행하는 데 필수적인 요소다.

컨설팅 경영에서의
효과적인 커뮤니케이션 전략

컨설팅 경영은 사람과 사람 사이의 관계를 기반으로 이루어진다. 따라서 원활한 소통은 컨설팅 경영 성공의 핵심 요소다. 하지만 현실에서는 커뮤니케이션의 단절로 인해 프로젝트가 실패하거나 고객과의 관계가 악화되는 경우가 종종 발생한다. 프로컨설턴트가 성공적으로 프로젝트를 이끌기 위해서는 고객과의 소통 능력이 절대적으로 중요하다.

커뮤니케이션 단절 : 성공을 가로막는 가장 큰 장벽

소통의 부재는 컨설팅 경영에서 치명적인 실패를 초래할 수 있다. 한 실생활 사례를 통해 커뮤니케이션 부재가 얼마나 심각한 결과를 낳을 수 있는지 살펴보자.

소통의 부재가 가져온 파국

한 부부는 41년간 함께 살아왔지만, 7년 전부터 대화를 끊고 오직 메모로만 소통했다. 이 부재된 소통은 결국 이혼으로 이어졌다. 이 사례는 극단적이지만, 소통의 부재가 얼마나 큰 파국을 불러일으킬 수 있는지를 잘 보여준다. 컨설팅 경영에서도 마찬가지다. 만약 프로컨설턴트와 고객 간의 소통이 원활하지 않다면, 오해가 쌓이고 신뢰가 무너지며, 프로젝트가 실패로 끝날 수 있다.

유나이티드 항공 사례 : 잘못된 커뮤니케이션의 대가

2017년 유나이티드 항공은 오버부킹 사태로 승객을 강제로 끌어내려 큰 논란을 빚었다. 사건 초기 CEO는 승객을 '파괴적'이라고 묘사하며 책임을 회피했다. 이는 SNS를 통해 급속히 퍼졌고, 대중의 분노를 촉발해 기업 이미지에 치명타를 입혔다. 이

사건은 잘못된 커뮤니케이션이 기업에 얼마나 큰 손실을 초래할 수 있는지를 보여주는 대표적인 사례다. 특히, 오늘날의 소셜 미디어 시대에는 작은 실수도 큰 파장을 일으킬 수 있다.

성공적인 커뮤니케이션으로 고객의 마음을 사로잡는 법

반대로, 성공적인 커뮤니케이션은 고객의 마음을 열고 신뢰를 쌓으며, 프로젝트의 성공을 이끌어낼 수 있다. 프로컨설턴트는 고객의 의견을 경청하고, 그들의 숨겨진 요구까지 파악하며, 명확하고 이해하기 쉬운 방식으로 문제를 설명해야 한다.

전문 용어는 신중하게, 쉬운 언어로 접근하라

고객과의 대화에서 지나치게 전문 용어를 사용하면 오히려 의사소통이 어려워질 수 있다. 고객이 이해할 수 있는 쉬운 언어를 사용하고, 시각 자료나 예시를 통해 설명을 덧붙이면 더 효과적이다.

컨설팅 경영에서 커뮤니케이션의 중요성과 도전 과제

컨설팅 경영에서 커뮤니케이션은 결코 쉽지 않다. 프로컨설턴트는 고객의 문제를 해결하기 위해 복잡한 개념을 설명해야 할 때가 많다. 하지만 고객은 종종 컨설팅 경영에 대한 이해가 부족하고, 자신의 문제를 명확하게 표현하는 데 어려움을 겪는다. 이러한 차이점은 커뮤니케이션 단절을 초래할 수 있다.

따라서 프로컨설턴트는 고객의 눈높이에 맞춰 명확하게 설명하고, 고객의 의견을 경청하며 공감대를 형성해야 한다. 또한, 고객이 스스로 인지하지 못한 문제를 해결할 수 있도록 도와야 한다.

신뢰를 기반으로 한 성공적인 커뮤니케이션 사례

신뢰는 컨설팅 경영의 기본이다. 고객이 프로컨설턴트를 신뢰하지 않으면 프로젝트는 시작조차 되기 어렵다. 고객이 컨설턴트를 믿고 자신의 문제를 솔직하게 털어놓을 수 있어야만 실질적인 해결책을 제시할 수 있다.

유대인의 다이아몬드 거래 : '마젤'의 힘

유대인 사회에서 다이아몬드 거래는 복잡한 계약서 없이 '마젤'이라는 말과 악수만으로 이루어진다. 이 전통은 신뢰를 기반으로 한 문화로, 거래의 신속성과 효율성을 극대화한다. 신뢰가 깊이 자리 잡은 곳에서는 계약보다 신뢰의 무게가 더 크다. 컨설팅 경영에서도 마찬가지다. 신뢰가 기반이 된 프로젝트는 빠르게 진행되고, 고객은 더 나은 성과를 얻을 수 있다.

드라마 '대장금'에서 배우는 신뢰의 가치

드라마 '대장금'에서 장금이가 자신의 실력을 의심하는 중전에게 진심과 헌신을 통해 신뢰를 얻어내는 장면은 프로컨설턴트에게 중요한 교훈을 준다. 고객과의 신뢰는 단순한 전문성만으로 얻을 수 없으며, 진정성을 바탕으로 한 꾸준한 노력이 필요하다.

신뢰의 속도 : 빠른 신뢰 구축이 성공을 앞당긴다

신뢰는 프로젝트의 속도를 높이고, 비용을 절감하는 데도 큰 영향을 미친다. 스티븐 코비는 그의 저서 "신뢰의 속도"에서 "높은 신뢰는 속도를 높이고 비용을 낮춘다"고 설명한다. 이는 컨설팅 경영에서도 동일하게 적용된다. 신뢰가 형성되면 프로컨설턴트와 고객 간의 의사소통이 더 원활해지고, 프로젝트 진행이 더 빠르고 효율적으로 이루어진다.

신뢰가 부족할 때의 문제

반대로, 신뢰가 부족하면 고객은 프로컨설턴트의 제안을 의심하고, 프로젝트는 불필요한 검토와 질문으로 지연될 수 있다. 신뢰가 부족하면 더 많은 시간과 자원을 낭비하게 된다.

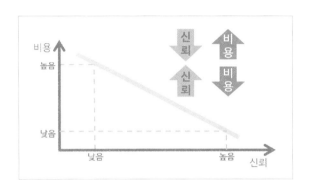

신뢰를 기반으로 한 커뮤니케이션의 특징

신뢰가 구축된 커뮤니케이션은 다음과 같은 특징을 가진다:

- **솔직하고 투명한 의사소통** : 고객과 프로컨설턴트는 정보를 솔직하고 투명하게 공유하며, 상호 신뢰를 바탕으로 대화한다.
- **적극적인 경청과 공감** : 프로컨설턴트는 고객의 이야기를 경청하고, 그들의 입장에서 문제를 이해하고 해결책을 제시한다.
- **명확한 목표 설정 및 공유** : 컨설팅 경영의 목표는 구체적이어야 하며, 이 목표를 고객과 명확히 공유하여 협력을 이끌어낸다.
- **지속적인 피드백 제공** : 프로젝트 과정 중 피드백을 통해 지속적으

로 문제를 개선하고 해결책을 발전시켜 나간다.

- **긍정적인 태도와 격려** : 고객과의 긍정적인 상호작용은 프로젝트 성공을 촉진하고, 신뢰를 더욱 공고히 한다.
- **전문성과 진정성** : 고객은 프로컨설턴트의 전문성을 믿고, 진정성 있는 조언을 통해 프로젝트를 성공적으로 이끌어 나갈 수 있다.

결론 : 깊은 신뢰가 더 큰 성과를 만든다

컨설팅 경영에서 성공적인 커뮤니케이션은 신뢰를 기반으로 한다. 고객과의 원활한 소통을 통해 문제를 해결하고, 프로젝트 성공을 이끌어내는 것이 프로컨설턴트의 핵심 역할이다. 고객의 마음을 움직이는 소통 전략을 통해 프로젝트는 빠르고 성공적으로 진행될 수 있으며, 신뢰가 깊어질수록 더 큰 성과를 거둘 수 있다.

꼼꼼한 리서치와 분석으로 컨설팅 경영 성공 이끌기

리서치는 컨설팅 경영에서 첫 단추와도 같다. 프로컨설턴트가 고객의 문제를 정확히 파악하지 못하면, 아무리 훌륭한 솔루션도 효과를 발휘할 수 없다. 첫 단추를 잘못 끼우면 나머지 단추가 다 어긋나는 것처럼, 리서치에서 문제가 발생하면 프로젝트 전체가 흔들릴 수 있다.

🎵 리서치 : 프로컨설턴트로서 첫걸음을 내딛는 법

리서치는 컨설팅 경영 프로젝트의 기초를 다지는 작업이다. 고객의 문제를 정확히 이해하고, 그 문제를 해결하기 위한 방향을 설정하는 데 필수적이다. 이 과정에서 프로컨설턴트는 고객의 니즈와 목표를 명확히 파악하며, 성공적인 프로젝트 수행을 위한 탄탄한 기반을 마련한다.

리서치의 정의와 목적 : 객관적인 정보와 통찰력으로 무장하라

리서치는 단순한 정보 수집이 아니다. 프로컨설턴트는 객관적인 데이터를 바탕으로 문제의 본질을 파악하고, 날카로운 통찰력을 발휘해 최적의 솔루션을 도출해야 한다.

- **리서치의 정의** : 고객의 성과 창출에 필요한 자료를 명확하게 정리하고 분석하는 과정이다.
- **리서치의 목적** : 고객이 겪고 있는 문제를 해결하고 성과를 창출할 수 있도록 돕는 것이다.

목표와 현상 : 프로컨설턴트의 돋보기로 문제점을 찾아내다

프로컨설턴트는 고객이 원하는 이상적인 상태와 현재의 상황을 비교하여 차이를 분석한다. 이 차이를 '갭(Gap)'이라고 하며, 이를 정확하게 파악하는 것이 문제 해결의 핵심이다.

- **이상적인 목표 설정** : 고객이 달성하고자 하는 구체적인 목표를 파악하고, 이를 수치로 표현해야 한다. 예를 들어, '매출 증대' 라는 목표 대신 '내년까지 매출 20% 증가'와 같은 구체적인 목표를 설정한다.
- **현상 파악** : 재무제표 분석, 현장 방문, 인터뷰 등을 통해 고객의 현재 상황을 객관적으로 분석하고 문제점을 파악한다.
- **갭 분석** : 이상적인 목표와 현재 상태의 차이를 분석하여 문제의 본질을 도출한다. 이 과정에서 프로컨설턴트의 분석력과 통찰력이 중요하다.

헬스 컨설턴트와 프로모션 전략 : 고객의 니즈를 꿰뚫어 보는 힘

고객의 숨겨진 욕구를 파악하고 이를 해결하는 맞춤형 솔루션을 제시하는 것이 성공적인 컨설팅 경영의 열쇠다.

- **헬스 컨설턴트 사례** : 헬스 컨설턴트는 고객의 이상적인 몸 상태와 현재 상태를 분석하여 문제를 도출한다. 고객이 체중 감량을 원하지만 시간이 부족한 경우, 효율적인 운동 프로그램과

식단을 제시할 수 있다.

- **프로모션 전략** : 젊은 층을 타깃으로 하는 헬스클럽은 SNS 마케팅, 할인 이벤트 등을 통해 잠재 고객의 관심을 끌고, 등록률을 높일 수 있다.

리서치 전략 : 5P 분석으로 핵심 문제를 파악하라

프로컨설턴트는 5P 분석(**Product, Price, Place, Promotion, People**) 프레임워크를 활용해 고객의 문제를 다각도로 분석하고 해결책을 도출한다.

- **Product(제품)** : 제품의 품질, 디자인, 기능 등을 분석하여 경쟁력을 평가하고 개선 방향을 제시한다.
- **Price(가격)** : 가격 정책과 전략을 분석해 고객의 지불 의사와 기업의 수익성을 고려한 최적의 가격을 설정한다.
- **Place(유통)** : 유통 채널과 재고 관리를 분석해 효율적인 유통 전략을 수립한다.
- **Promotion(촉진)** : 효과적인 광고 및 마케팅 전략을 통해 타깃 고객의 관심을 끌고 브랜드 인지도를 높인다.
- **People(사람)** : 인적 자원의 역량과 조직 문화를 분석해 기업 성장에 기여할 수 있는 인재 관리 전략을 수립한다.

고객 및 시장 정보 수집 : 2차 정보 활용으로 효율성을 높여라

모든 정보를 직접 수집하는 것은 비효율적이다. 프로컨설턴트는 신뢰할 수 있는 2차 정보를 활용해 효율성을 높여야 한다.

- **인터넷 검색** : 검색 엔진, 뉴스, 소셜 미디어를 통해 다양한 정보를 수집하고 핵심 데이터를 분석한다.
- **정부 및 연구 기관 자료** : 통계청, 한국은행, 산업 연구원 등에서 제공하는 데이터를 활용하여 객관적인 자료를 확보한다.
- **업계 보고서** : 컨설팅 회사나 시장 조사 기관에서 발행하는 보고서를 통해 시장 동향과 경쟁 환경을 파악한다.
- **전문가 인터뷰** : 해당 분야의 전문가와 인터뷰를 통해 생생한 인사이트를 얻는다.

- **AI 활용** : AI 도구를 사용해 방대한 데이터를 빠르게 수집하고 분류하여 분석의 효율성을 극대화한다.

고객 분석 : 숨겨진 니즈를 발견하는 섬세한 접근법

프로컨설턴트는 고객의 숨겨진 욕구를 파악하고 이를 충족시키는 맞춤형 솔루션을 제공해야 한다. 고객이 단순히 '맛있는 음식'을 원하는 것이 아니라, 건강, 편의성, 가격 등 다양한 요소를 고려한다는 점을 이해해야 한다.

- **김밥천국 vs. 김선생** : 김밥천국은 가격 경쟁력과 메뉴 다양화를 통해 대중적 접근을, 김선생은 프리미엄 이미지를 강조하며 건강한 먹거리를 추구하는 전략을 펼쳤다. 두 브랜드는 각각 다른 고객층을 타깃으로 하여 차별화된 전략을 수립한 대표적인 사례다.
- **고객의 숨겨진 욕구 파악** : 고객의 라이프스타일, 건강 상태, 가격 선호도 등 다양한 데이터를 바탕으로 고객의 숨겨진 욕구를 파악하고 맞춤형 전략을 수립해야 한다.

데이터 분석으로 고객을 이해하라

빅데이터 분석을 통해 고객의 구매 패턴, 선호도, 만족도를 분석하고 맞춤형 마케팅 전략을 수립할 수 있다. 또한, AI 기술을 활용하여 잠재 고객을 발굴하고 개인 맞춤형 서비스를 제공함으로써 고객의 만족도를 높일 수 있다.

결론 : 리서치로 고객의 문제를 명확히 해결하라

리서치는 프로컨설턴트가 고객의 문제를 해결하기 위한 첫 번째 단계다. 꼼꼼한 정보 탐색과 정확한 분석을 통해 고객의 니즈와 문제를 파악하고, 맞춤형 솔루션을 제시하는 것이 성공적인 컨설팅 경영의 핵심이다.

컨설테이션: 고객 고민을 해결하는 맞춤형 컨설팅 솔루션

4

컨설테이션은 컨설팅 경영에서 프로컨설턴트가 고객의 문제를 분석하고, 실행 가능한 해결책을 제시하는 중요한 과정이다. 이 단계에서 프로컨설턴트는 고객의 비즈니스에 혁신을 가져다줄 솔루션을 제공하며, 목표 달성을 지원한다.

문제 해결을 위한 컨설테이션 단계별 전략

컨설테이션은 문제 해결을 위한 여정이다. 프로컨설턴트는 고객과 함께 여러 단계를 거쳐 문제의 본질을 파악하고, 최적의 솔루션을 찾아낸다.

- **문제 정의** : 고객이 직면한 문제를 명확히 정의하고, 컨설팅 경영의 목표와 범위를 설정한다. 이 과정은 여행의 목적지를 정하는 것과 같다.

- **정보 수집 및 분석** : 다양한 방법을 통해 문제와 관련된 정보를 수집하고, 그 데이터를 바탕으로 근본 원인을 파악한다.

- **해결 방안 탐색** : 창의적 사고와 다양한 분석 기법을 통해 해결책을 모색한다. 여러 대안을 검토하면서 최적의 경로를 찾는다.

- **솔루션 제시** : 고객의 상황에 맞는 최적의 솔루션을 선택하고, 실행 계획을 세운다.

- **실행 지원 및 평가** : 솔루션이 효과적으로 실행되도록 지원하고, 성과를 측정하며 개선을 도모한다.

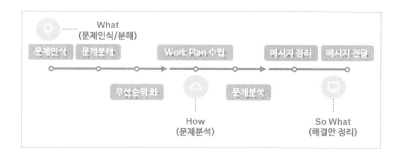

〰️ 분석과 관점의 중요성 : 컨설테이션 핵심 요소

컨설테이션은 단순히 문제 해결에 그치지 않는다. 프로컨설턴트는 고객의 비즈니스를 깊이 이해하고, 새로운 관점에서 문제를 바라보아야 한다.

- **분석적 요소의 중요성** : 데이터를 분석해 문제의 근본 원인을 파악한다. 시장 조사, 경쟁사 분석, SWOT 분석 등 다양한 기법을 활용해야 한다.
- **관점의 다양성** : 고객의 입장뿐 아니라, 경쟁사와 시장의 흐름 등 다각도로 문제를 분석하고 해결책을 제시해야 한다.

로직 트리 : 구조적 문제 해결 접근법

로직 트리는 문제를 체계적으로 분석하고 해결책을 도출하는 유용한 도구다. 문제를 세분화해 이해하고, 각 문제의 원인과 해결책을 명확히 파악할 수 있도록 돕는다.

- **문제 분해** : 복잡한 문제를 작은 하위 문제로 나눠 해결책을 찾기 쉽게 만든다.
- **인과 관계 파악** : 하위 문제 간의 인과 관계를 분석해 근본 원인을 찾아낸다.

- **MECE 원칙** : 분석 시 'Mutually Exclusive, Collectively Exhaustive' 원칙을 따라 중복 없이 문제를 포괄해야 한다.
- **시각적 표현** : 로직 트리는 문제 해결 과정을 시각적으로 표현해 이해하기 쉽게 만든다.

목표 달성을 위한 하우 로직 트리 기법

하우 로직 트리는 목표를 달성하기 위한 다양한 방법을 탐색하고, 최적의 방법을 선택하는 도구다.

- **목표 설정** : 달성하고자 하는 목표를 명확히 정의한다.
- **방법 탐색** : 다양한 방법을 탐색하고, 실행 가능성과 효과를 분석해 최적의 방법을 선택한다.
- **실행 계획 수립** : 선택된 방법을 실행하기 위한 구체적인 계획을 세우고, 필요한 자원을 준비한다.

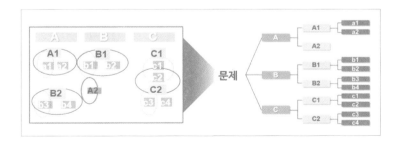

근본 원인 분석 : 문제의 뿌리를 찾아 해결하라

문제를 해결하려면 근본 원인을 찾아내는 것이 중요하다. 5 Why 분석과 피시본 다이어그램 같은 기법을 활용해 문제의 뿌리를 찾아야 한다.

- **5 Why 분석** : "왜?"라는 질문을 반복해 근본 원인을 파악한다.
- **피시본 다이어그램** : 문제의 원인을 다양한 측면에서 분석해 시각적으로 표현하는 도구다.

고객 중심 경영 : 성공적인 컨설테이션의 핵심

컨설테이션에서 가장 중요한 것은 고객의 성공이다. 프로컨설턴트는 고객의 니즈를 충족시키는 맞춤형 솔루션을 제시해야 하며, 신뢰를 기반으로 협력 관계를 유지해야 한다.

- **고객 중심 경영** : 고객의 요구를 충족시키고, 맞춤형 솔루션을 제공해 신뢰를 쌓고 성공을 이끌어야 한다.
- **고객 관계 관리(CRM)** : 프로젝트 이후에도 지속적으로 고객과의 관계를 유지하며, 후속 프로젝트 수주 가능성을 높이는 것이

중요하다.

성공적인 컨설테이션 사례

성공적인 컨설테이션 사례는 다양한 산업에서 확인할 수 있다. 예를 들어, 원두커피 제조사 E 업체는 유통 채널 확대와 신규 거래처 발굴 전략을 통해 매출 회복을 이뤘고, 교육 컨설팅에서는 교사들의 수업 개선을 위해 온라인 컨설팅 시스템을 활용해 큰 성과를 거두었다.

결론 : 맞춤형 컨설테이션은 고객 성공의 필수 엔진

컨설테이션은 컨설팅 경영에서 고객의 문제를 해결하고 성장을 돕는 핵심 과정이다. 프로컨설턴트는 분석 능력과 창의적 사고, 뛰어난 커뮤니케이션 능력을 발휘해 고객의 문제를 해결하고, 실행 가능한 솔루션을 제시해야 한다. 고객의 성공을 위해 신뢰를 바탕으로 협력 관계를 유지하고, 지속적으로 피드백을 제공하며 함께 성장을 이루어야 한다.

코디네이션 : 협력으로 성공하는 컨설팅 프로젝트

컨설팅 경영에서 프로컨설턴트는 단순한 문제 해결사가 아니다. 그들은 고객과 함께 새로운 가치를 창출하는 파트너로서, 긴밀한 협력을 통해 최적의 결과를 이끌어내야 한다. 이 과정에서 중요한 것이 바로 '코디네이션'이다. 코디네이션은 다양한 이해

프로컨설턴트와 고객의 정보를 공유하여
새로운 가치를 창출하는 활동

관계자들과의 협력을 통해 시너지 효과를 극대화하고, 성공적인 프로젝트를 완성하는 핵심 역량이다.

코디네이션 : 1+1을 3으로 만드는 협업의 마법

코디네이션은 프로컨설턴트가 고객과 팀원, 그리고 프로젝트에 참여하는 모든 이해관계자들 간의 협업을 이끌어내어 시너지 효과를 창출하는 과정이다. 마치 오케스트라의 지휘자가 여러 악기들의 조화를 이끌어내듯, 프로컨설턴트는 다양한 요소들을 통합하여 프로젝트의 성공을 돕는다.

- **정보 수집 및 공유** : 프로젝트에 필요한 정보를 다양한 이해관계자로부터 수집하고, 이를 분석해 팀원들과 공유한다. 이러한 정보 공유는 협업의 기반을 마련하고, 모든 팀원이 같은 목표를 향해 나아갈 수 있게 한다.
- **고객 기대 파악** : 고객의 요구와 기대를 명확히 이해하는 것이 중요하다. 이를 통해 프로젝트 목표에 맞는 솔루션을 개발하고, 고객의 숨은 니즈까지 충족시키는 결과를 만들어낸다.
- **의사소통 및 조율** : 프로젝트 진행 상황과 분석 결과를 투명하게 공유하고, 필요한 경우 고객과의 조율을 통해 최적의 합의점

을 도출한다. 이를 통해 고객과의 신뢰 관계를 강화할 수 있다.

- **방향 제시** : 프로젝트의 전체적인 방향을 설정하고, 각 팀원의 역
  할을 명확히 정의해 협업을 효율적으로 이끌어 나간다.

- **갈등 관리** : 갈등이 발생했을 때 이를 빠르게 중재하고 해결하는
  능력은 프로젝트의 원활한 진행을 위해 필수적이다. 이를 통
  해 긍정적인 협업 환경을 조성할 수 있다.

정보수집   기대인식   정보전달   방향제시

성공적인 협업 사례를 통한 코디네이션 전략

다양한 기업들이 협력을 통해 시너지를 창출한 성공적인 사
례들이 있다. 이들은 모두 뛰어난 코디네이션 능력을 바탕으로
성과를 이뤄냈다.

- **포항시와 포항공항의 협업 사례** : 포항시와 포항공항은 서로의 강점
  을 활용해 항공 관광 상품을 개발, 지역 경제 활성화에 기여했
  다. 이는 서로 다른 이해관계자들이 협력해 시너지 효과를 창

출한 좋은 예다.

- **신세계푸드의 '원팀' 전략** : 신세계푸드는 '원팀'이라는 슬로건 아래 전 직원이 협력하며 매출 1조 클럽을 달성했다. 전사적인 협력과 소통이 조직 전체의 성과를 이끌어낸 사례다.
- **오픈 소스 소프트웨어 컨설팅 사례** : AI 브레인은 복잡한 라이센스 문제로 어려움을 겪었지만, 한국저작권위원회와 협력해 문제를 해결하고 사업 추진의 걸림돌을 제거했다.

고객 기대를 넘어서는 감동을 선사하는 비결

프로컨설턴트는 단순히 고객을 만족시키는 것을 넘어서, 그들에게 감동을 선사해야 한다. 고객의 기대를 넘는 서비스를 제공함으로써 고객 충성도를 높이고, 장기적인 파트너십을 구축할 수 있다.

- **고객 기대 파악** : 고객의 숨겨진 욕구와 기대를 정확하게 파악하는 것이 중요하다. 이를 통해 고객의 기대를 뛰어넘는 맞춤형 솔루션을 제공할 수 있다.
- **지속적인 소통과 피드백** : 프로젝트 후에도 지속적인 소통을 통해 관계를 유지하고, 피드백을 수집해 후속 프로젝트 수주 가능성을 높인다.

변화하는 시장에서의 코디네이션 적응 전략

시장은 끊임없이 변화하며, 이러한 변화에 유연하게 대응하는 것이 중요하다. 프로컨설턴트는 코디네이션을 통해 이러한 변화 속에서도 고객이 지속적으로 성장할 수 있도록 지원해야 한다.

- **소니와 파나소닉 사례** : 소니는 핵심 가치와 협업이 부족해 위기를 맞았지만, 파나소닉은 협력과 혁신을 통해 위기를 극복하고 재도약에 성공했다. 이처럼 성공적인 코디네이션은 기업의 성장과 위기를 좌우할 수 있다.

AI와 협업하는 코디네이션 방식

AI 기술은 코디네이션 과정을 더욱 효율적으로 만들 수 있다. AI는 방대한 데이터를 분석하고, 팀원 간의 정보를 원활하게 공유하며, 의사 결정을 지원하는 강력한 도구다.

- **AI 기반 협업 도구** : AI는 정보 공유, 의사소통, 프로젝트 관리를 효율적으로 지원하며, 팀워크와 협업을 강화하는 역할을 한다.

결론 : 코디네이션은 성공적인 컨설팅의 핵심 열쇠

코디네이션은 단순한 정보 공유를 넘어, 고객과 함께 협력해 새로운 가치를 창출하는 과정이다. 프로컨설턴트는 뛰어난 코디네이션 능력을 통해 고객과의 신뢰를 쌓고, 프로젝트를 성공적으로 이끌며, 함께 성장하는 파트너로서의 역할을 다해야 한다. 코디네이션은 컨설팅 경영에서 성공적인 성과를 내는 핵심적인 요소이며, 이를 통해 프로컨설턴트는 고객의 기대를 뛰어넘는 성과를 창출할 수 있다.

컨트롤 : 성공적인 컨설팅 프로젝트 실행과 관리

프로컨설턴트는 뛰어난 분석 능력과 창의적인 아이디어를 바탕으로 솔루션을 제시하지만, 그것이 실행으로 이어지지 않는다면 그 가치는 반감된다. 컨설팅 경영에서 '컨트롤'은 이러한 실행 단계를 체계적으로 관리하고, 솔루션이 성공적으로 적용되도록 보장하는 핵심 역량이다. 이 역량은 컨설턴트의 능력을 현실화하는 열쇠로, 제시된 솔루션이 목표 달성에 이르기까지의 모든 과정을 세심하게 관리하는 것

모니터링　　　　진척사항파악, 결과 피드백

이다.

🖋 실행 역량 : 성과를 검증하는 액션 플랜 수립

프로컨설턴트는 제시한 솔루션이 실제로 효과적인지 객관적으로 검증하고, 필요에 따라 수정 및 보완해야 한다. 이를 위해 다양한 방법을 활용하여 솔루션의 실행 결과를 평가하고, 지속적으로 개선해 나가는 것이 중요하다.

- **데이터 분석** : 솔루션 실행 전후의 데이터를 비교하여 객관적으로 효과를 평가한다. 매출, 비용 절감, 고객 만족도 등 다양한 지표를 활용해 솔루션의 성과를 측정한다.
- **설문 조사 및 인터뷰** : 고객 및 관련 이해관계자를 대상으로 솔루션에 대한 만족도와 개선점을 파악하기 위해 설문 조사나 인터뷰를 진행한다.
- **A/B 테스트** : 두 가지 이상의 솔루션을 실제로 적용해 비교하고, 더 나은 결과를 얻을 수 있는 방안을 선택한다.
- **AI 활용** : AI 도구를 통해 실행 과정에서 발생할 수 있는 문제점을 사전에 예측하고, 솔루션을 더욱 최적화한다.
- **지속적인 모니터링** : 솔루션 실행 후에도 성과를 계속 모니터링하

며, 필요 시 수정과 보완 작업을 진행한다.

실행 전략과 성과 관리 : 목표 달성에 필요한 체계적 접근

프로컨설턴트의 최종 목표는 고객의 성과를 극대화하는 것이다. 이를 위해서는 명확한 목표를 설정하고, 실행 가능한 전략을 마련한 후 성과를 관리해야 한다.

- **명확한 목표 설정** : 구체적이고 측정 가능한 목표를 설정하고, 이를 고객과 공유하여 공동의 목표를 향해 나아간다. 예를 들어, '매출 10% 증가'라는 막연한 목표보다는 '3개월 내 신규 고객 100명 확보'처럼 구체적인 목표를 제시하는 것이 중요하다.
- **실행 가능한 전략 수립** : 목표 달성을 위한 구체적인 실행 전략을 수립하고, 자원 및 예산을 확보한다. 전략은 고객의 상황에 맞춰져야 하며, 실행 가능성과 효과성을 고려해야 한다.
- **KPI 설정 및 성과 측정** : 핵심성과지표(KPI)를 통해 성과를 객관적으로 평가한다. 예를 들어, 매출 증대를 목표로 할 경우 매출액, 신규 고객 수, 고객 만족도 등을 KPI로 설정할 수 있다.
- **데이터 기반 성과 분석** : 데이터 분석 도구와 AI를 활용해 성과 데이터를 분석하고, 개선점을 도출한다. 마케팅 캠페인의 경우

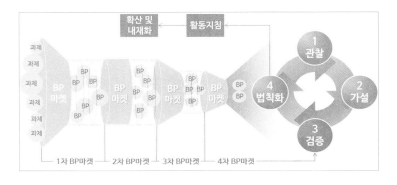

어떤 채널이 가장 효과적이었는지 데이터를 통해 확인하고, 전략을 수정할 수 있다.

- **지속적인 성과 관리** : 프로젝트 종료 후에도 정기적으로 성과를 보고하고, 피드백을 제공하여 지속적인 성과 향상을 지원한다.

중점 선행 지표 : 프로젝트 성공을 위한 나침반

중점 선행 지표는 성과 달성에 직접적인 영향을 미치는 핵심 활동을 나타내는 지표로, 프로컨설턴트가 성과를 효과적으로 관리하는 데 중요한 역할을 한다.

- **파레토 법칙 활용** : 20%의 핵심 활동이 80%의 성과를 만든다는 파레토 법칙을 기억하고, 핵심적인 활동에 집중한다.

- **성과와의 연계** : 중점 선행 지표는 최종 성과와 직접적인 연관성을 가져야 한다. 목표 달성에 영향을 미치지 않는 활동은 과감히 제외하고, 중요한 활동에 집중해야 한다.
- **측정 가능성** : 중점 선행 지표는 객관적으로 측정 가능해야 한다. 측정 가능한 지표를 통해 성과를 관리하고, 개선 방향을 명확히 파악할 수 있다.
- **실행 가능성** : 지표는 현실적으로 실행 가능해야 하며, 지나치게 복잡한 지표는 오히려 부담을 줄 수 있다.
- **적절한 지표 수** : 3개 이내의 중점 선행 지표를 설정해 관리의 효율성을 높인다.

중점 선행 지표 설정과 성과 극대화 전략

중점 선행 지표를 효과적으로 설정하고 활용하면, 컨설팅 프로젝트의 성공 가능성이 크게 높아진다. 프로컨설턴트는 이를 기반으로 목표를 설정하고, 효율적인 실행 전략을 마련해야 한다.

- **목표 설정** : 프로젝트의 구체적인 목표와 이를 달성하기 위한 KPI를 명확히 설정한다.
- **중점 선행 지표 도출** : KPI 달성에 직접 영향을 미치는 핵심 활동

을 파악하고, 이를 중점 선행 지표로 설정한다.

- **행동 지표 설정** : 각 지표를 달성하기 위한 구체적인 행동을 정의하고 실행한다.
- **오픈 보드 활용** : 프로젝트 진행 상황과 성과를 시각적으로 표현해 팀원들과 정보를 공유하고 협업을 강화한다.

투명하고 효율적인 프로젝트 관리 : 오픈 보드 활용법

오픈 보드는 프로젝트의 진행 상황과 성과를 시각적으로 표현하고, 이를 팀원들과 고객에게 공유해 협업을 강화하는 도구다.

- **프로젝트 정보 시각화** : 진행 상황, 일정, 목표 등을 시각적으로 표현해 팀원들과 고객이 쉽게 이해할 수 있도록 한다.
- **실시간 정보 공유** : 프로젝트 상황을 실시간으로 업데이트해 팀원들과 고객이 신속하게 대응할 수 있도록 한다.
- **투명성 확보** : 투명한 정보 공유를 통해 고객의 신뢰를 얻고, 협력을 강화한다.
- **AI 활용** : AI 기반 프로젝트 관리 도구를 활용해 정보 분석, 자동화 등을 통해 효율성을 높인다.

결론 : 실행 역량은 성공적인 컨설팅을 위한 필수 열쇠

　프로컨설턴트의 실행 역량, 즉 컨트롤은 컨설팅 경영에서 성공적인 프로젝트 완수를 위한 핵심 요소다. 솔루션을 현실화하고, 지속적으로 관리하며 성과를 극대화하는 것이야말로 진정한 컨설팅의 가치를 구현하는 것이다. 프로컨설턴트는 목표 설정에서 성과 관리, 지속적인 피드백까지 전 과정을 체계적으로 관리함으로써 고객의 성공을 보장할 수 있다.

카운슬 : 고객 성장을 돕는
프로컨설턴트의 진심 어린 조언

컨설팅 경영에서 '카운슬'은 프로컨설턴트가 고객에게 단순히 해결책을 제시하는 데 그치지 않고, 고객이 스스로 문제를 인식하고 해결할 수 있는 능력을 키워주는 중요한 단계다. 이는 마치 선생님이 학생들에게 문제를 가르치면서 동시에 그들이 스스로 성장할 수 있도록 지원하는 과정과 같다. 프로컨설턴트는 고객의 잠재력을 끌어내고 함께 발전하는 파트너로서의 역할을 수행해야 한다.

변수 작용   자문 요청

경영 환경 ⇨ 기회 위협 ⇨

컨설턴트

고객 공감 : 진심이 고객 마음을 움직인다

성공적인 컨설팅 경영은 고객과 프로컨설턴트 사이에 깊은 신뢰와 유대감이 형성될 때 비로소 가능하다. 고객의 문제와 고민에 진심으로 공감하며, 그들의 입장에서 문제를 함께 해결해 나가는 과정이 필수적이다.

- **진정한 공감** : 고객의 문제를 표면적으로만 이해하는 것이 아니라, 그들의 어려움과 감정에 진정으로 공감하고 함께 해결 방안을 모색해야 한다.
- **신뢰 구축** : 헌신적이고 진정성 있는 태도를 통해 고객의 마음을 열고, 신뢰를 쌓는다.
- **파트너십 형성** : 고객과 함께 문제를 해결하는 과정을 통해 파트너로서의 역할을 강화하고, 고객의 성장에 기여한다.

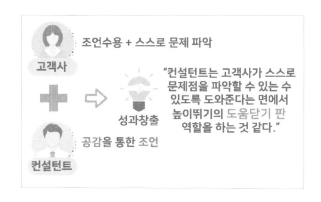

사례 : 우영대학교 류마티스병원 김우영 원장은 환자들을 진료할 때 단순히 치료를 넘어 환자들의 마음까지 돌본다. 진료실 문 앞에서 환자를 맞이하며 따뜻한 말과 행동으로 환자들에게 위안을 주고, 치료의 긍정적인 효과까지 높이는 그의 진심이 환자들에게 깊은 감동을 준다. 프로컨설턴트도 고객에게 이와 같은 진정성 있는 태도를 보여야 한다. 고객의 어려움에 공감하고 그들과 진심으로 함께하는 모습을 보일 때, 고객은 프로컨설턴트의 조언을 더욱 신뢰하고 그 조언을 실천하게 된다.

기업의 사회적 책임과 혁신 : 지속 가능한 성장을 위한 필수 조건

현대 사회에서 기업은 이윤 추구뿐만 아니라 사회적 책임을 다해야 한다. 프로컨설턴트는 기업이 이러한 사회적 책임을 다하면서 동시에 혁신을 통해 지속 가능한 성장을 이룰 수 있도록 도와야 한다.

- **소니의 몰락** : 혁신의 상징이었던 소니는 무분별한 사업 확장으로 인해 핵심 가치와 원칙을 잃어버렸다. 결과적으로, '소니 쇼크'라는 위기를 맞게 되었다. 이는 기업이 지속적인 성장을 위해 혁신을 추구하더라도 핵심 가치를 지켜야 한다는 중요한

교훈을 준다.

- **파나소닉의 재도약** : 파나소닉은 창업자인 마쓰시다 고노스케의 '산업보국' 정신을 바탕으로 사회적 책임을 다하는 동시에 혁신을 통해 위기를 극복하고 재도약했다.

프로컨설턴트는 이러한 사례처럼 기업이 사회적 책임을 다하며 혁신을 통해 성장할 수 있도록 경영 전략을 제시해야 한다. 이를 통해 기업은 단순히 이윤만을 추구하는 것이 아니라, 사회에 긍정적인 영향을 미치는 동시에 지속 가능한 성장을 이룰 수 있다.

카운슬링의 고객 설득 전략과 프로컨설턴트의 역할

프로컨설턴트는 고객에게 단순한 해결책을 제시하는 것이 아니라, 그들이 실질적으로 받아들이고 실행할 수 있도록 설득해야 한다. 진심 어린 조언과 데이터 기반의 논리적 근거가 결합될 때 고객은 프로컨설턴트를 신뢰하고 그들의 제안을 받아들인다.

- **설득의 기술** : 데이터와 논리적 근거에 기반해 객관적인 조언을 제공하는 것이 중요하다. 동시에 고객의 상황과 요구에 맞춰

솔루션을 제시하여 공감을 얻어내야 한다.

- **협상 전략** : 고객과의 협상에서 서로의 이익을 조율하고, 모두가 만족할 수 있는 결과를 이끌어내는 능력은 필수적이다. 협상 과정에서 고객의 숨겨진 욕구를 파악하고, 창의적인 해결책을 제시하는 것이 중요하다.
- **세일즈 기술** : 프로컨설턴트는 고객의 니즈를 정확하게 파악하고, 이를 바탕으로 컨설팅의 가치를 명확하게 설명해 고객이 솔루션을 선택하게 해야 한다.

설득의 기술 : 고객의 마음을 움직이는 효과적인 방법

성공적인 컨설팅 경영에서 설득력은 필수적이다. 프로컨설턴트는 고객의 마음을 움직여야만 성공적인 솔루션 도입과 실행을 이끌어낼 수 있다.

- **인간 심리에 대한 이해** : 사람들은 익숙한 것에 안심하고 칭찬이나 공감을 받을 때 더 쉽게 마음을 연다. 프로컨설턴트는 이러한 심리적 요소를 활용해 고객의 마음을 열어야 한다.
- **논리와 감성의 조화** : 논리적인 근거에 감성적인 호소를 결합해 설득력을 극대화할 수 있다. 감정과 공감을 함께 이끌어내는

것이 중요하다.

- **효과적인 스토리텔링** : 실제 사례와 경험을 바탕으로 한 이야기는 고객의 공감을 이끌어내는 강력한 수단이다.
- **질문의 기술** : 적절한 질문은 고객이 스스로 문제를 깨닫고 해결책을 받아들이도록 돕는 효과적인 도구다.

윈윈 협상 전략 : 모두가 만족하는 결과 이끌어내기

컨설팅 경영 프로젝트는 협상에서부터 시작된다. 고객과 프로컨설턴트가 서로의 이익을 조율하고, 모두가 만족할 수 있는 해결책을 찾는 것이 필수적이다.

- **포지션과 인터레스트 파악** : 고객이 요구하는 표면적 요구(포지션)와 그 이면의 숨겨진 욕구(인터레스트)를 파악해야 한다.
- **창의적인 옵션 개발** : 고객의 요구를 그대로 받아들이는 것이 아니라, 양쪽 모두에게 이익이 되는 창의적인 대안을 제시하는 것이 중요하다.
- **객관적인 기준 설정** : 협상 시 공정하고 객관적인 기준을 제시함으로써 합리적인 결론에 도달하도록 해야 한다.

세일즈 기술 : 컨설팅을 매력적으로 포장하고 자신 있게 판매하라

프로컨설턴트는 자신의 서비스를 고객에게 매력적으로 설명하고, 그 가치를 명확히 전달해야 한다. 고객의 신뢰를 얻기 위해서는 세일즈 기술 또한 중요하다.

- **고객 니즈 파악** : 고객의 욕구를 정확하게 이해하고, 그에 맞는 맞춤형 솔루션을 제시해야 한다.
- **컨설팅 가치 제시** : 컨설팅으로 인한 혜택과 성과를 명확하게 전달하고, 고객이 그 가치를 이해하도록 해야 한다.
- **설득력 있는 프레젠테이션** : 고객의 신뢰를 얻기 위한 프레젠테이션은 논리적이면서도 감성적인 설득 요소가 결합된 형태로 이루어져야 한다.

결론 : 카운슬은 고객 성장을 돕는 프로컨설턴트의 진정성

'카운슬' 단계는 고객의 문제를 해결하는 것을 넘어, 그들이 스스로 문제를 해결하고 성장할 수 있는 능력을 기르는 데 중점을 둔다. 프로컨설턴트는 진심으로 고객의 성공을 바라는 태도로 고객에게 다가가야 하며, 신뢰와 공감 속에서 함께 성장할 수 있는 파트너가 되어야 한다. AI 시대에도 사람 간의 공감과 진정성은 변하지 않는 중요한 요소이며, 프로컨설턴트는 이러한 요소들을 활용해 고객과 신뢰 관계를 구축하고, 성공적인 컨설팅 경영을 이끌어야 한다.

《3장의 핵심 포인트》

1. 프로컨설턴트로 성공하려면 실전 감각과 핵심 역량이 필요하다. 커뮤니케이션, 리서치, 실행 역량이 성공의 열쇠다.

2. 고객과의 신뢰는 성공적인 컨설팅의 시작이다. 마음을 사로잡는 소통과 맞춤형 솔루션으로 프로젝트를 이끌어라.

3. 철저한 리서치와 창의적인 문제 해결 능력이 프로컨설턴트의 가치를 결정한다. 데이터를 바탕으로 한 분석이 필수다.

4. 협력의 힘을 통해 고객과 함께 시너지를 창출하라. '1+1'이 '3'이 되는 코디네이션이 성공의 비결이다.

5. 진심 어린 조언과 실행 역량은 프로젝트의 완성이다. 고객의 마음을 움직이는 프로컨설턴트가 되어라.

신뢰 구축　　　리서치 및 문제　　　협력의 시너지　　　진심 어린 조언
　　　　　　　　　해결　　　　　　　　　　　　　　　　　　및 실행

Chapter.4

퇴직 후에도 성공하는
커리어 전환 전략

퇴직 후에도 성공적인 커리어를 이어가고 싶은가? 프로 컨설턴트로의 전환은 그 답이 될 수 있다. 4장은 퇴직 이후에도 빛나는 커리어를 유지하고자 하는 이들을 위한 성공의 로드맵을 제시한다. 먼저, 프로컨설턴트의 장점과 단점을 분석하며 자신의 적성과 비교해 볼 수 있도록 돕는다. 이 과정에서 필요한 역량과 자질, 그리고 다양한 경로를 통해 프로컨설턴트가 되는 방법을 상세히 안내한다.

억대 연봉을 목표로 하는 프로컨설턴트들에게는 고객 확보와 관리가 핵심이다. 고객의 숨겨진 니즈를 파악하고, 지속 가능한 관계를 구축하는 전략을 통해 안정적인 수익을 창출하는 법을 배운다. 또한, 퍼스널 브랜딩의 중요성을 강조하며, 자신만의 컨설팅 USP(Unique Selling Proposition)를 찾는 방법을 다룬다.

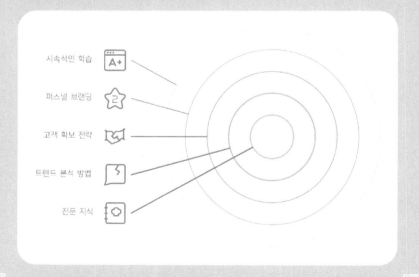

프로컨설턴트,
나에게 적합한 직업인가?

프로컨설턴트는 많은 사람들에게 매력적인 직업으로 알려져 있다. 다양한 경험을 쌓을 수 있는 기회가 있고, 사회적 기여를 할 수 있다는 점에서 특히 주목받는다. 하지만 모두에게 적합한 직업은 아니다. 자신의 적성과 능력을 객관적으로 평가한 후 신중하게 결정해야 한다.

프로컨설턴트로 일하는 장점과 기회

프로컨설턴트의 장점 중 하나는 높은 연봉과 성장 가능성이다. 억대 연봉도 꿈이 아니며, 끊임없는 자기 계발과 학습을 통

해 자신의 가치를 높일 수 있다. 경제적 안정과 동시에 개인적인
성취감을 제공하는 직업이다.

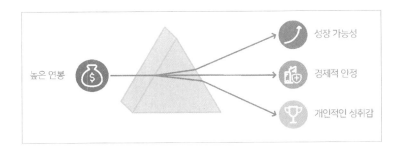

프로컨설턴트는 다양한 산업과 기업에서 문제를 해결하며,
폭넓은 경험과 지식을 쌓을 수 있다. 여러 분야를 넘나들며 문제
를 분석하고 해결하는 과정에서 통찰력을 키우게 되며, 이는 미
래 커리어에도 긍정적인 영향을 미친다. 성장할 기회를 찾는 사
람들에게 더할 나위 없는 직업이다.

프로컨설턴트는 자율성과 유연성을 갖춘 직업이다. 업무 시
간과 장소에서 비교적 자유로우며, 프로젝트별로 일의 강도와
일정을 조절할 수 있어 창의적인 아이디어를 발휘하고자 하는
사람에게 적합하다. 자신만의 방식으로 일하며 다양한 프로젝트
에서 독립적으로 일할 수 있는 기회를 제공한다.

또한, 프로컨설턴트는 사회적 기여를 할 수 있는 역할을 맡는다. 기업과 사회의 발전에 기여하며, 경제적 이익뿐만 아니라 사회 문제를 해결하고 기업이 올바른 방향으로 성장하도록 돕는다. 사회적 책임을 다하고 싶은 사람들에게 보람 있는 직업이다.

프로컨설턴트의 도전과 과제

그러나 높은 업무 강도와 스트레스는 잦은 야근과 출장, 촉박한 마감일로 인해 발생하며, 이는 강한 체력과 정신력을 요구한다. 체력적으로나 정신적으로 약한 사람이라면 이러한 업무 환경을 견디기 어려울 수 있다.

또한, 프리랜서 컨설턴트의 경우 프로젝트 수주 여부에 따라 수입이 불안정할 수 있다. 정규직이 아닌 경우 고정된 수입이 없을 수 있고, 항상 새로운 프로젝트를 찾아야 하는 부담이 따른다. 이를 극복하려면 고객 확보와 관리 능력이 필요하다.

프로컨설턴트는 끊임없는 자기 계발이 필수적이다. 급변하는 시장과 기술에 대응해야 하며, 새로운 트렌드와 지식을 빠르게 습득해야 한다. 이는 쉬운 일이 아니며, 지속적인 학습과 성장이 요구된다.

고객과의 관계 관리도 중요하다. 때로는 고객의 무리한 요구나 비판을 받아들이고, 문제를 해결해야 하는 상황에 직면할 수 있다. 고객과의 원활한 소통과 관계 유지는 성공적인 컨설팅 경영의 핵심이며, 이를 잘 관리하지 못하면 프로젝트 성공이 어려워질 수 있다.

성공적인 프로컨설턴트가 되기 위한 필수 역량

프로컨설턴트가 되기 위해서는 몇 가지 중요한 역량이 필요하다. 전문 지식, 문제 해결 능력, 커뮤니케이션 능력, 대인 관계 능력, 자기 관리 능력 등이 그것이다. 이 능력들을 갖추고 있어야 컨설턴트로서 성공할 수 있다. 컨설팅은 도전적이고 역동적인 환경에서 끊임없이 배우고 성장하며, 고객의 성공을 돕는 데 보람을 느끼는 사람에게 적합하다. 자신이 이러한 환경에서 성과를 낼 수 있을지 고민하고, 필요한 역량을 갖추고 있는지 객관적으로 평가하는 것이 중요하다.

다양한 경로로 프로컨설턴트가 되는 방법

프로컨설턴트로서의 길은 여러 가지가 있다. 대졸 신입으로 컨설팅 회사에 입사하거나, 경력직으로 전환하는 방법이 있으며, 프리랜서로 독립적으로 활동하거나, 자격증을 취득해 전문성을 입증하는 방법도 있다. 자신의 상황과 목표에 맞는 경로를 신중하게 선택하고, 끊임없는 노력과 열정으로 성장해 나가는 것이 중요하다. 이 모든 과정을 통해 프로컨설턴트는 꿈을 현실로 만들 수 있다.

결론 : 나에게 맞는 프로컨설턴트 커리어를 설계하라

컨설팅 경영 분야는 도전과 성장이 가득한 직업이다. 자신에게 맞는 경로와 분야를 선택하고, 필요한 역량을 갖추기 위한 꾸준한 노력이 필요하다. 자신만의 강점과 경험을 바탕으로 프로컨설턴트로 성장할 수 있으며, 이는 보람과 성취감을 동시에 제공해줄 것이다.

억대 연봉 프로컨설턴트의
영업 비밀

2

프로컨설턴트, 고객을 확보하고 관리하는 방법

프로컨설턴트로 성공하기 위해서는 단순히 뛰어난 실력만으로는 부족하다. 현장에서 고객을 확보하고, 장기적인 관계를 유지하는 능력이 억대 연봉을 달성하는 핵심 전략이 된다. 이번 절에서는 실질적으로 현장에서 바로 적용할 수 있는 고객 확보 및 관리 비법을 다룬다. 프로컨설턴트를 꿈꾸는 독자들이 활용할 수 있는 구체적인 팁을 소개한다.

나만의 컨설팅 USP(차별화된 경쟁력) 만들기

억대 연봉을 받는 프로컨설턴트가 되기 위해서는 자신만의 강력한 USP를 만들어야 한다. USP는 '왜 고객이 다른 컨설턴트가 아닌 나를 선택해야 하는가'에 대한 차별화된 이유를 뜻한다. 이는 고객의 신뢰를 얻고, 지속적인 의뢰를 받기 위한 첫 단계다.

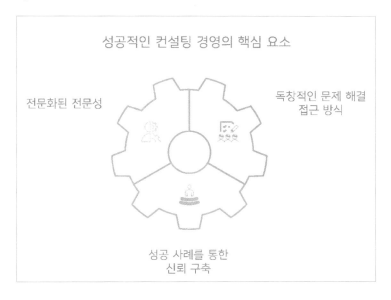

성공적인 컨설팅 경영의 핵심 요소

전문화된 전문성

독창적인 문제 해결 접근 방식

성공 사례를 통한 신뢰 구축

- **전문성에 집중하라** : 다양한 분야에서 컨설팅 경영을 제공할 수 있겠지만, 특정 분야에서 차별화된 전문성을 보여줄 수 있다면 고객은 더욱 신뢰하게 된다. 예를 들어, IT 컨설팅에 강점이 있다면 AI 기술 도입이나 디지털 전환 전략을 전문으로 내세우는 것이 좋다.

- **차별화된 문제 해결 방식** : 동일한 문제라도 해결하는 접근 방식은 프로컨설턴트마다 다르다. 자신만의 독창적인 문제 해결 접근 법을 개발해 고객에게 제시한다면 차별화된 USP가 될 수 있다.
- **성공 사례로 신뢰를 쌓아라** : 성공적인 컨설팅 경영 사례를 통해 자신의 신뢰도를 높여라. 고객들은 실제 성과를 보고 믿음을 가진다. 이를 체계적으로 정리해 적극적으로 어필해야 한다.

USP는 고객의 마음을 사로잡는 핵심 무기다. 독창적이면서도 신뢰할 수 있는 USP를 구축하는 것이 첫 번째 과제다.

고객의 숨겨진 요구 파악하기 : 차별화된 고객 접근 전략

고객이 명확하게 문제를 인식하고 도움을 요청하는 경우도 있지만, 종종 고객 스스로 인지하지 못한 문제를 해결할 때 더 큰 가치를 제공할 수 있다. 억대 연봉을 받는 프로컨설턴트는 고객의 숨겨진 니즈를 파악하는 능력을 갖추고 있다.

- **심층 인터뷰로 문제 발굴** : 고객이 말하는 표면적 문제를 해결하는 것을 넘어, 심층적인 인터뷰와 질문을 통해 진짜 문제가 무엇

인지 탐색해야 한다. 고객의 진짜 니즈를 끌어내는 것이 중요하다.

- **데이터 분석을 통한 인사이트 제공** : 고객이 미처 발견하지 못한 문제를 데이터 분석을 통해 제시할 수 있다면, 프로컨설턴트로서의 차별화된 가치를 제공할 수 있다. 고객 데이터를 분석해 숨겨진 인사이트를 발견하면 고객의 만족도가 높아진다.

- **미래 트렌드 제시** : 현재 문제뿐만 아니라, 미래에 직면할 수 있는 문제를 예측하고 대비책을 제안하는 프로컨설턴트는 고객에게 더욱 큰 신뢰를 얻는다. 업계 트렌드와 시장 변화를 바탕으로 미래의 필요성을 미리 대비하게 하는 것이 핵심이다.

고객의 숨겨진 니즈를 찾아내고 해결하는 능력은 억대 연봉 컨설턴트가 되기 위한 필수 역량이다.

지속 가능한 고객 관계 관리와 신뢰 구축

단발적인 프로젝트로는 한계가 있다. 프로컨설턴트는 고객과 장기적인 관계를 유지해야 한다. 억대 연봉을 달성한 컨설턴트들은 지속 가능한 고객 관계를 바탕으로 성장한다.

- **정기적인 소통** : 프로젝트가 끝난 후에도 고객과의 지속적인 소통이 중요하다. 정기적인 연락을 통해 고객의 변화와 새로운 기회를 파악하고 추가적인 문제를 발굴해야 한다.
- **고객 맞춤형 서비스 제공** : 고객의 특성에 맞춘 맞춤형 솔루션을 제공해야 한다. 고객마다 다른 필요와 요구를 정확히 파악해, 그들이 '특별한 대우'를 받는다는 느낌을 줄 때 신뢰 관계가 깊어진다.
- **피드백을 통한 관계 강화** : 프로젝트 완료 후, 고객으로부터 피드백을 받는 과정을 중요하게 여겨야 한다. 이를 통해 개선할 점을 파악하고 향후 더 나은 서비스를 제공할 수 있다. 고객은 이러한 과정을 통해 자신이 존중받고 있다는 느낌을 받는다.

지속적인 고객 관리와 소통은 프로컨설턴트가 장기적인 성과를 달성하는 데 필수적인 전략이다.

고객 네트워크 확장 전략 : 관계를 활용한 영업 기회 만들기

억대 연봉을 받는 프로컨설턴트는 다양한 고객층을 확보하며 안정적인 수익을 유지한다. 이를 위해 고객 네트워크 확장이 필수적이다.

- **세미나와 워크숍을 통한 전문성 홍보** : 자신의 전문성을 알리기 위해 세미나나 워크숍에 참가하거나 직접 개최하라. 이를 통해 잠재 고객에게 자신을 알리고, 새로운 기회를 얻을 수 있다.
- **온라인과 오프라인 네트워킹 병행** : 링크드인(LinkedIn) 같은 온라인 네트워크뿐만 아니라, 오프라인 네트워킹도 중요하다. 업계 행사나 세미나 등을 통해 다양한 고객과 관계를 맺고 신뢰를 쌓아야 한다.
- **기존 고객의 추천 활용** : 만족한 기존 고객이 다른 고객에게 당신을 추천하는 것은 가장 강력한 마케팅 수단이다. 기존 고객과의 관계를 돈독히 유지하며 높은 만족도를 제공하는 것이 중요하다.

네트워크 확장은 프로컨설턴트가 안정적인 수익원을 확보하는 데 중요한 역할을 한다.

컨설턴트 퍼스널 브랜딩의 중요성억대 연봉을 받는 프로컨설턴트는 퍼스널 브랜딩을 통해 자신만의 가치를 구축한 경우가 많다. 퍼스널 브랜딩은 프로컨설턴트의 신뢰도를 높이고 가치를 극대화하는 중요한 요소다.

- **전문가 이미지 구축** : 업계에서 자신의 전문가 이미지를 구축하기

위해, 블로그나 칼럼을 작성하거나 학술지에 논문을 기고하는 방법이 있다. 이를 통해 자신의 전문성을 널리 알릴 수 있다.

- **SNS를 통한 퍼스널 브랜딩** : 링크드인, 트위터, 유튜브 등의 SNS 플랫폼을 활용해 자신의 컨설팅 철학과 성공 사례를 공유하라. 이를 통해 더 많은 사람들에게 자신을 알릴 수 있다.
- **전문 서적 출판** : 자신의 경험과 노하우를 책으로 출판하면 전문성을 한층 더 강화할 수 있다.

퍼스널 브랜딩은 프로컨설턴트로서 시장에서 자신을 차별화하고, 고객에게 신뢰를 줄 수 있는 강력한 도구다.

결론 : 성공적인 영업 전략으로 억대 연봉에 도전하라

억대 연봉을 받는 프로컨설턴트가 되려면 실력만으로는 충분하지 않다. 나만의 USP를 찾고, 고객의 숨겨진 니즈를 파악하며, 지속 가능한 관계를 구축하고, 네트워크를 확장하는 것이 성공의 열쇠다. 또한, 퍼스널 브랜딩을 통해 자신만의 가치를 높여 고객에게 신뢰를 심어주는 것도 필수적이다. 이러한 전략을 통해 프로컨설턴트로서 성공의 길을 걸어가자.

프로컨설턴트 필수 역량
개발 전략

3

전문성을 높이는 성장 가이드

프로컨설턴트로서 성공하려면 단순한 기술이나 이론만으로는 부족하다. 지속적인 신뢰를 받으려면 강력한 전문성과 끊임없는 자기 발전이 필수적이다. 특히 변화하는 비즈니스 환경에 발맞춰 스스로의 역량을 지속적으로 개발해야 한다. 이 절에서는 프로컨설턴트를 꿈꾸는 이들이 필수적으로 갖춰야 할 역량을 어떻게 개발하고 성장시킬 수 있는지에 대해 구체적인 가이드를 제공한다. 다섯 가지 주요 영역에서 각각의 역량을 어떻게 강화할 수 있는지 살펴보자.

나만의 전문 분야를 선택하는 방법

프로컨설턴트로서 첫 번째 중요한 단계는 자신만의 전문 분야를 선택하는 것이다. 이는 개인의 성향과 강점을 바탕으로, 현재와 미래의 시장 수요를 분석해 결정해야 한다. 시장에서 어떤 컨설팅 경영 분야에 대한 수요가 높은지 파악하고, 자신이 흥미를 느끼고 잘할 수 있는 분야를 찾아야 한다. 예를 들어, IT, AI, 데이터 분석 분야의 컨설팅 경영 수요는 점점 더 증가하고 있다. 이런 트렌드를 분석해 장기적인 경쟁력을 갖출 수 있는 분야를 선택하는 것이 중요하다.

끊임없는 학습으로 실력을 쌓는 법

프로컨설턴트로서의 역량을 강화하기 위해서는 학습하는 자세가 필수다. 다양한 지식 습득 방법을 활용해 자신의 전문성을 키워야 한다. 독서, 강의, 멘토링, 온라인 학습 등을 통해 최신 이론과 사례를 지속적으로 업데이트하고, 실무에 적용할 수 있는 기술을 습득하는 것이 중요하다. 특히 글로벌 전문가들의 강의를 들으며 새로운 지식을 쌓는 것이 효과적이다.

빠르게 실무 경험을 쌓는 방법

프로컨설턴트로서의 실무 경험은 매우 중요하다. 다양한 현장 경험을 통해 자신의 역량을 증명해야 한다. 인턴십, 프로젝트 참여, 봉사활동 등을 통해 실제 비즈니스 현장을 경험하고, 문제 해결 능력을 키워야 한다. 특히 사회적 책임이 요구되는 분야에서의 경험은 프로컨설턴트로서의 경쟁력을 크게 높여준다.

자격증과 학습을 통한 전문성 강화 전략

지속적인 학습과 자격증 취득은 프로컨설턴트로서의 전문성을 인증하는 중요한 도구다. 경영지도사나 기술지도사 자격증을 통해 자신의 전문성을 입증하고, 이를 활용해 고객의 신뢰를 얻어야 한다. 자격증은 단순한 자격을 넘어, 이를 어떻게 활용하느

냐에 따라 큰 차이가 난다.

✐ AI 시대, 데이터 분석을 활용한 컨설팅 경쟁력 확보

4차 산업혁명과 AI 기술의 발달로, AI와 데이터 분석은 프로 컨설턴트에게 필수적인 역량으로 자리 잡았다. AI 기술을 이해하고 이를 컨설팅 경영에 적극 활용할 수 있어야 한다. 데이터 분석 능력을 통해 고객의 데이터를 분석하고 숨겨진 인사이트를 도출해 더 나은 솔루션을 제공해야 한다.

컨설턴트 자격증,
꼭 따야 할까?

4

자격증이 프로컨설턴트에게 주는 혜택

프로컨설턴트로 성공하고자 하는 사람이라면, 자격증의 필요
성을 고민해 본 적이 있을 것이다. 자격증은 단순한 증서가 아
닌, 신뢰를 쌓고 전문성을 입증할 수 있는 중요한 도구다. 이 절
에서는 경영지도사와 기술지도사 자격증을 비롯한 다양한 자격
증의 장점과 자격증을 취득한 후 어떻게 활용할 수 있는지, 그리
고 자격증 없이도 성공할 수 있는 방법을 다룬다.

경영지도사, 기술지도사 등 주요 자격증 안내

프로컨설턴트에게 가장 대표적인 자격증으로는 경영지도사와 기술지도사가 있다. 이 자격증들은 컨설팅 경영 프로젝트에서 기업의 경영 문제를 해결하거나 기술적 문제에 대한 조언을 제공하는 데 필요한 전문성을 인증해준다. 또한, PMP(Project Management Professional), CPA(Certified Public Accountant) 등 다양한 자격증도 존재한다.

　경영지도사는 기업의 경영 전반에 대한 문제를 해결하는 데 도움을 준다. 주로 마케팅, 재무, 인사 등 다양한 분야에서 조언을 제공할 수 있는 능력을 요구한다. 반면, 기술지도사는 IT, 제조업, 건설 등 기술적인 분야에서 전문 지식을 제공하며, 기술 문제 해결을 중점적으로 다룬다. 이러한 자격증은 각각의 전문성을 요구하기 때문에, 자격증을 취득하려면 해당 분야에 대한 깊이 있는 지식과 실무 경험이 필수다.

　자격증을 취득하려면 응시 자격을 먼저 충족해야 한다. 예를 들어, 경영지도사는 경영 관련 학위나 실무 경력을 요구하며, 기술지도사는 해당 기술 분야에서 일정 기간 동안의 경력이 있어야 한다. 응시 자격을 확인한 후 시험 준비를 시작하면 된다. 시험은 필기와 실기를 포함하며, 준비 기간은 최소 수개월에서 1년 정도 소요된다.

자격증, 나에게 어떤 도움이 될까?

자격증을 취득하면 프로컨설턴트로서 여러 가지 혜택을 누릴 수 있다. 우선, 취업과 이직에 유리하다. 많은 기업들이 자격증을 보유한 컨설턴트를 선호하며, 정부나 대기업 프로젝트에 참여할 때 필수 자격 요건이 되는 경우도 많다. 특히 경영지도사나 기술지도사 자격증은 정부 지원 사업이나 공공 프로젝트 수주 시 강력한 무기가 될 수 있다.

또한 자격증은 수임료 협상에도 큰 도움이 된다. 자격증을 통해 자신의 전문성을 입증하면 고객은 더 큰 신뢰를 가지며, 이는 더 높은 수임료로 이어질 수 있다. 자격증이 있는 프로컨설턴트는 고객과의 신뢰 관계를 더욱 쉽게 형성하고, 커뮤니케이션을 원활히 할 수 있다.

마지막으로, 자격증은 전문성 강화에도 중요한 역할을 한다. 자격증을 취득함으로써 자신의 전문성을 꾸준히 유지하고 강화할 수 있다. 이는 빠르게 변화하는 컨설팅 경영 시장에서 경쟁력을 유지하는 데 필수적이다.

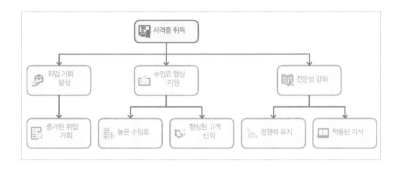

자격증, 따는 게 좋을까?

자격증을 따는 것이 정말 도움이 될까? 실제로 자격증이 있는 프로컨설턴트들은 더 많은 기회를 얻는 경우가 많다. 예를 들어, 한 경영지도사는 중소기업 경영컨설팅에서 큰 성과를 이루어 연속적인 프로젝트를 수주했다. 이는 그가 경영지도사 자격증을 보유하고 있었기 때문에 가능했다.

경력이 짧은 신입 프로컨설턴트에게는 자격증이 특히 중요하다. 자격증을 통해 다른 지원자와 차별화할 수 있으며, 더 높은 연봉이나 더 나은 조건으로 일할 기회를 제공받을 수 있다. 그러나 자격증만으로 성공이 보장되는 것은 아니다. 자격증은 도구에 불과하며, 그것을 어떻게 활용하느냐가 중요하다. 따라서 자격증 취득 후에도 자기 개발과 네트워크 확장이 필수적이다.

자격증 취득 후 어떻게 활용할 수 있을까?

자격증을 취득한 후에는 이를 최대한 활용해야 한다. 첫 번째로, 자격증을 통해 컨설팅 경영 프로젝트에 진출할 수 있다. 자격증을 보유한 프로컨설턴트는 다양한 산업에서 활동할 수 있으며, 정부 지원 사업이나 공공 프로젝트에 참여할 수 있다. 이러한 프로젝트는 안정적인 수익을 제공하며, 경력을 쌓는 데도 큰 도움이 된다.

또한 자격증을 가진 프로컨설턴트는 강의 활동을 통해 추가적인 수익을 창출할 수 있다. 대학이나 기업에서 교육 프로그램을 제공하거나 워크숍을 개최하면서 자신의 지식을 공유하고, 이를 통해 브랜딩을 강화할 수 있다.

자격증을 보유한 사람들 간의 네트워크 확장도 중요한 전략이다. 자격증 보유자 모임이나 협회에 가입하면 다양한 인적 네트워크를 형성할 수 있으며, 이를 통해 더 많은 프로젝트 기회를 얻을 수 있다.

자격증 없이도 성공할 수 있을까? 현실적인 대안 찾기

자격증 없이도 성공할 수 있을까? 물론 가능하다. 실제로 자격증 없이도 성공한 프로컨설턴트들이 많다. 이들은 자격증 대신 경험과 능력으로 시장에서 인정받았다. 컨설팅 경영 업계에서 실무 경험과 인적 네트워크가 중요한 역할을 하기 때문에, 자격증이 없더라도 충분한 경험과 능력을 갖춘 사람들은 성공할 수 있다.

예를 들어, 한 IT 프로컨설턴트는 자격증 없이도 여러 대기업 프로젝트에서 탁월한 성과를 거두었고, 그 결과 더 많은 협업 기회를 얻게 되었다. 이러한 경우, 자격증 대신 퍼스널 브랜딩을 강화하고 자신의 강점을 부각하는 것이 중요하다.

결론 : 자격증으로 경쟁력을 높이고 성공을 가속화하라

자격증은 프로컨설턴트에게 날개를 달아주는 중요한 도구다. 자격증을 통해 전문성을 입증하고 더 많은 기회를 얻을 수 있으며, 이를 통해 더욱 성장할 수 있다. 그러나 자격증 없이도 성공할 수 있는 방법이 있으며, 무엇보다 중요한 것은 자격증 그 자체보다는 이를 어떻게 활용하고 발전시키느냐에 달려 있다.

컨설팅 경영 시장
트렌드 분석과 기회 포착

5

    컨설팅 경영 시장은 빠르게 변하고 있다. 과거에는 경영 전략과 인사 관리가 주요 컨설팅 분야였지만, 이제는 AI, 데이터 분석, ESG(환경, 사회, 지배구조) 등이 새로운 트렌드로 자리 잡고 있다. 이 절에서는 현재와 미래의 컨설팅 경영 시장 트렌드를 분석하고, 프로컨설턴트로서 어떻게 경쟁력을 확보할 수 있을지, 그리고 어떤 기회를 잡아야 하는지를 다룬다. 변화하는 시장 흐름을 잘 이해하고 준비된 자만이 미래의 성공적인 프로컨설턴트가 될 수 있다.

유망한 컨설팅 경영 분야와 성공 전략

현재 컨설팅 경영 시장에서 빠르게 성장하고 있는 분야는 디지털 전환, ESG 컨설팅, 데이터 분석 및 AI 활용 컨설팅이다. 기업들이 지속 가능성을 추구하고 경쟁에서 살아남기 위해 반드시 투자해야 하는 분야들이기 때문에, 이러한 분야의 수요는 급격히 증가하고 있다.

디지털 전환은 모든 산업에서 필수적인 과제로 자리 잡았다. 전통적인 비즈니스 모델을 디지털화하여 운영 효율성을 높이는 전략은 중소기업부터 대기업까지 전반적으로 적용되고 있다. 특히 IT 인프라를 개선하고 데이터 분석 시스템을 도입하려는 기업들이 많아지면서, 디지털 전환 컨설팅 경영이 매우 중요해졌다.

ESG 컨설팅은 환경, 사회적 책임, 지배구조에 대한 기업들의 요구가 증가하면서 급부상하고 있다. ESG 경영은 이제 선택이 아닌 필수 과제가 되었고, 기업들이 관련 규제와 정책을 제대로 이해하고 대응하도록 돕는 컨설팅 수요가 계속해서 늘어날 것이다.

AI 및 데이터 분석은 데이터 기반 경영이 확산됨에 따라 필수적인 요소로 자리 잡았다. 데이터를 분석하고 이를 바탕으로 인사이트를 제공하는 프로컨설턴트는 기업의 성과를 높이는 데 중요한 역할을 할 수 있다. 특히 AI 기반의 데이터 분석을 통해 고객의 요구를 예측하고 해결책을 제시하는 것이 핵심 경쟁력이 된다.

경쟁 전략으로는 특화된 전문성을 확보하는 것이 필수적이다. 예를 들어, 디지털 전환을 일반적으로 다루는 대신 특정 산업에 맞춘 맞춤형 디지털 전환 전략을 제시할 수 있다면, 경쟁에서 우위를 점할 수 있다. 또한 네트워크를 구축해 새로운 프로젝트와 고객을 확보하는 것도 중요한 전략이다.

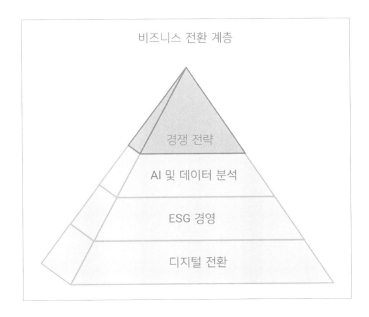

AI와 기술 변화가 가져올 미래의 컨설팅 경영 시장

미래의 컨설팅 경영 시장은 AI와 같은 기술의 발전과 더불어 사회적 변화에 따라 큰 변화를 겪을 것이다.

AI의 역할 확대는 컨설팅 경영의 중요한 변화 중 하나가 될 것이다. AI는 데이터 분석 도구를 넘어서, 의사결정 지원, 자동화된 비즈니스 운영 등 다양한 분야에서 프로컨설턴트의 핵심 도구로 활용될 것이다. AI는 방대한 데이터를 분석해 의사결정을 돕고, 프로컨설턴트의 업무 효율성을 크게 향상시킬 것이다.

리모트 컨설팅의 확산도 주요 변화로 예상된다. 팬데믹 이후 원격 근무가 보편화되면서, 리모트 컨설팅은 시간과 장소의 제약 없이 더 많은 고객에게 서비스를 제공할 수 있는 유연한 방식으로 자리 잡고 있다. 특히 글로벌 시장을 타깃으로 하는 프로컨설턴트에게는 큰 기회가 될 수 있다.

사회적 책임과 윤리 경영도 더 큰 주제로 떠오르고 있다. 기업들이 단순한 이익 추구를 넘어 사회적 가치를 중시하는 경영을 펼치면서, 윤리 경영과 ESG 컨설팅의 중요성은 계속해서 커질 것이다.

맞춤형 컨설팅의 필요성도 증가할 것이다. 컨설팅 경영 시장이 커질수록 고객은 자신에게 딱 맞는 솔루션을 원하게 된다. 경쟁이 치열한 만큼, 고객의 고유한 문제를 해결하는 맞춤형 솔루션을 제공하는 것이 필수적이다.

빅데이터와 소셜 미디어 분석을 통한 트렌드 예측 방법

트렌드를 분석하고 예측하는 능력은 프로컨설턴트에게 필수적이다. 특히 빅데이터와 AI 기술을 활용하면 더 깊은 인사이트를 얻을 수 있다.

빅데이터 분석을 통해 방대한 데이터를 분석하여 시장의 흐름과 고객의 요구를 파악할 수 있다. 빅데이터는 과거 데이터를 분석하는 것뿐만 아니라, 이를 바탕으로 미래의 트렌드를 예측하는 데도 강력한 도구로 활용된다.

AI 기반 트렌드 분석은 AI 기술을 통해 데이터 패턴을 빠르게 분석하고, 시장 변화를 감지하는 데 유용하다. AI는 수백만 개의 데이터 포인트를 실시간으로 분석해 새로운 기회를 발굴하고, 고객에게 혁신적인 솔루션을 제공할 수 있게 한다.

소셜 미디어 분석도 중요한 트렌드 분석 도구다. 소셜 미디어를 통해 실시간으로 시장 반응을 파악하고 고객의 요구와 기대를 읽어낼 수 있다. 이를 통해 고객이 무엇을 원하고 어떤 방향으로 움직이고 있는지 즉각적으로 확인할 수 있다.

변화를 읽어내는 컨설턴트의 생존 전략

프로컨설턴트는 변화에 민감해야 한다. 빠르게 변화하는 시장에서 성공하려면 항상 정보를 수집하고 최신 동향을 파악해야 한다.

산업 보고서와 데이터 분석은 시장 흐름을 이해하는 데 중요한 자료다. 신뢰할 수 있는 컨설팅 경영 기관이나 경제 연구소에서 발간하는 보고서는 컨설턴트에게 필수적인 정보 제공원이다.

네트워킹을 통해 업계 내 전문가들과 지속적으로 교류하는 것도 중요한 전략이다. 네트워크는 새로운 정보와 기회를 제공해 줄 뿐만 아니라, 최신 트렌드를 빠르게 반영할 수 있는 환경을 만들어 준다.

온라인 학습과 세미나에 꾸준히 참여하여 변화하는 산업 트렌드를 공부하는 것도 필수다. AI, ESG, 데이터 분석 등 빠르게 변화하는 분야에서는 지속적인 학습이 경쟁력이다.

미디어와 소셜 미디어 모니터링을 통해 경제 뉴스나 소셜 미디어 상의 실시간 정보를 수집하는 것도 중요한 방법이다. 주요 미디어 채널이나 전문가의 소셜 미디어를 팔로우해 시장의 변화를 즉각적으로 파악할 수 있다.

기회는 준비된 자에게 온다 : 새로운 블루오션을 찾아라

컨설팅 경영 시장은 끊임없이 변화하고 있지만, 변화 속에는 언제나 새로운 기회가 숨어 있다. 중요한 것은 그 기회를 잡기 위해 미리 준비하는 것이다.

미래 유망 분야를 미리 탐색하는 것이 중요하다. 디지털 전환, AI 활용, ESG 경영은 대기업뿐만 아니라 중소기업에서도 필수적인 과제로 떠오르고 있다. 이러한 분야에서 기회를 잡으려면 미리 준비하고 학습해야 한다.

나만의 블루오션을 찾는 것도 성공적인 프로컨설턴트가 되는 중요한 전략이다. 경쟁이 치열한 시장에서, 남들과는 다른 차별화된 솔루션을 제시하거나 특정 산업에 특화된 컨설팅 서비스를 제공하는 것이 필요하다.

마지막으로, 도전 과제에도 대비해야 한다. 기술의 발전과 더불어 윤리적 문제나 고객과의 신뢰 문제가 발생할 수 있다. 이에 대한 대비책을 세우고, 변화 속에서도 고객의 신뢰를 유지하는 것이 중요하다.

결론적으로, 컨설팅 경영 시장의 트렌드를 파악하고, 그 흐름에 맞춘 전략을 세우는 것이 미래의 성공적인 프로컨설턴트로 성장하는 열쇠다.

《4장의 핵심 포인트》

1. 퇴직 후에도 빛나는 커리어, 프로컨설턴트로의 성공적인 전환 방법을 제시합니다.

2. 억대 연봉을 목표로, 고객 확보와 관리 전략을 통해 안정적인 수익을 창출하는 법을 배웁니다.

3. 퍼스널 브랜딩과 USP 전략으로 자신만의 독보적인 컨설팅 영역을 구축하세요.

4. AI 시대에 필수적인 데이터 분석 역량을 강화하고, 자격증으로 전문성을 인증하세요.

5. 컨설팅 경영 시장의 트렌드를 분석하며 미래를 대비하는 전략으로 새로운 기회를 잡으세요.

고객 확보 및 관리   퍼스널 브랜딩 및   데이터 분석 역량   시장 트렌드 분석
                          USP

Chapter.5

AI 시대의 도전
: 미래의 컨설팅 경영을
설계하라

AI 시대는 컨설팅 경영의 판도를 바꾸고 있다. 이제 AI와 데이터 분석은 프로컨설턴트에게 필수 도구다. AI는 효율성을 높이는 것을 넘어, 맞춤형 솔루션을 제공하고 고객에게 새로운 가치를 창출하는 데 중요한 역할을 한다. 이 장에서는 프로컨설턴트가 AI와 디지털 도구를 활용해 더 스마트하게 일하고, 자동화 기술로 업무를 혁신하는 방법을 다룬다.

디지털 도구는 시간을 절약해 주고, 더 많은 가치를 만들어낸다. 챗GPT 같은 AI 도구는 빠르고 정확한 분석을 가능하게 하고, 협업 도구는 팀워크를 강화해 프로젝트 성공률을 높인다. 자동화 기술은 반복적인 업무를 줄여, 프로컨설턴트가 더 중요한 전략에 집중할 수 있도록 돕는다.

지금이 바로 AI 시대에 맞서 당신의 미래를 설계할 때다. 변화하는 시장에서 기회를 포착하고, 도전을 기회로 바꿀 준비가 필요하다. AI와 함께 더 나은 컨설팅 경영을 실현할 수 있는 역량을 키워야 한다.

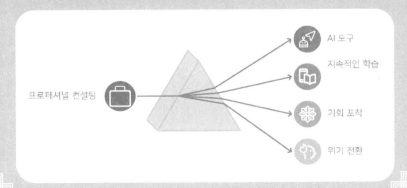

AI와 데이터 분석
: 컨설팅 경영의 혁신적 돌파구

AI와 데이터 분석은 컨설팅 경영 산업에 엄청난 변화를 불러오고 있다. 단순한 데이터를 넘어 인공지능(AI)을 활용한 심층 분석이 가능해지면서, 프로컨설턴트들은 더 정확한 예측과 혁신적인 해결책을 제시할 수 있게 되었다. AI와 데이터 분석이 컨설팅 경영 시장에서 어떻게 활용되고 있으며, 이를 통해 프로컨설턴트가 어떻게 경쟁력을 높일 수 있는지에 대해 알아보자.

AI 혁명이 바꾸는 컨설팅 경영의 미래

AI는 모든 산업에서 혁신을 일으키고 있으며, 컨설팅 경영 시장 역시 예외가 아니다. 전통적인 컨설팅 경영은 경험과 지식에 기반한 의사결정이 주를 이루었다. 그러나 AI의 도입으로 데이터 기반 의사결정이 필수가 되었고, 예측 분석, 자동화, 머신러닝 등이 컨설팅 경영의 새로운 패러다임을 만들고 있다.

프로컨설턴트들은 이제 단순히 고객의 문제를 듣고 해결책을 제시하는 것을 넘어, AI 기술을 활용하여 더욱 정교한 해결책을

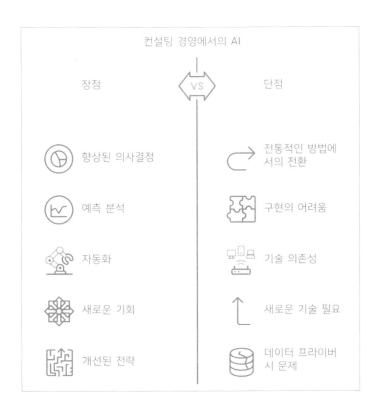

제시할 수 있게 되었다. 예를 들어, AI는 방대한 양의 데이터를 분석하여 과거에는 미처 발견하지 못한 패턴을 찾아내고, 기업의 전략을 재설계하는 데 큰 도움을 준다. 고객들이 인공지능을 통한 분석을 기대하는 시대가 되었으므로, AI를 활용하는 능력은 더 이상 선택이 아닌 필수가 되었다.

특히 AI 기반의 예측 분석은 기업들이 미래의 시장 변화에 대비할 수 있도록 돕는다. 예측 모델을 통해 소비자 행동, 시장 트렌드, 경쟁사의 움직임 등을 미리 파악하고, 고객들이 선제적으로 대응할 수 있도록 지원하는 것은 AI가 제공하는 커다란 이점이다. 프로컨설턴트들은 이러한 기술을 적극 활용해 새로운 기회를 창출해야 한다.

데이터 분석으로 발견하는 새로운 기회

데이터는 이제 기업 성공의 핵심 자원이 되었다. 고객 행동, 시장 트렌드, 생산 효율성 등 모든 것이 데이터에 담겨 있다. 하지만 이 데이터를 제대로 분석하지 않으면, 그 가치는 발휘되지 못한다. 프로컨설턴트들은 빅데이터 분석을 통해 숨겨진 인사이트를 발굴하고, 고객이 미처 알지 못했던 문제를 발견할 수 있다.

빅데이터는 수많은 정보를 담고 있어 한눈에 이해하기 어렵다. 하지만 AI 기술을 통해 이 데이터를 분석하면, 의미 있는 패턴과 경향을 빠르게 파악할 수 있다. 예를 들어, 고객의 구매 이력 데이터를 분석하면 그들이 어떤 제품에 가장 관심이 있는지, 향후 어떤 제품을 구매할 가능성이 높은지를 예측할 수 있다. 이를 통해 기업은 마케팅 전략을 더 세밀하게 조정할 수 있고, 고객 맞춤형 서비스를 제공할 수 있다.

프로컨설턴트는 단순히 데이터를 분석하는 것에 그치지 않고, 데이터를 기반으로 혁신적인 솔루션을 제시해야 한다. 예를 들어, 생산 과정에서의 비효율성을 빅데이터를 통해 분석해 비용을 절감하거나, 데이터에 기반한 새로운 시장 진출 전략을 제안할 수 있다. 이러한 데이터 활용 능력은 프로컨설턴트의 가치를 높이고, 고객에게 신뢰를 주는 핵심 역량이 된다.

AI 활용으로 컨설턴트 역량을 200% 향상시키는 방법

AI는 프로컨설턴트의 능력을 극대화시켜 준다. 데이터 분석의 정확도와 효율성을 높이기 위해서는 AI 도구를 적극적으로 활용해야 한다. AI는 방대한 양의 데이터를 빠르게 처리하고, 사람이 쉽게 찾아낼 수 없는 패턴을 발견하는 데 도움을 준다.

예를 들어, AI 기반의 자동화된 보고서 생성은 프로컨설턴트의 시간을 절약해준다. 수많은 데이터를 일일이 분석하고 그 결과를 보고서로 작성하는 데 걸리는 시간을 단축시키는 것은 AI 도구의 큰 장점이다. AI는 데이터를 실시간으로 분석하여 필요한 정보를 자동으로 추출하고, 그 결과를 이해하기 쉽게 시각화해 준다. 이를 통해 프로컨설턴트는 보다 신속하게 고객에게 결과를 제시할 수 있으며, 의사결정의 효율성을 크게 향상시킬 수 있다.

또한 AI는 단순한 데이터 분석을 넘어, 미래의 트렌드를 예측하고 시나리오 분석까지 가능하게 한다. 이를 통해 고객이 다양한 상황에 어떻게 대비해야 할지를 미리 알려줄 수 있어, 더욱 전략적인 컨설팅 경영을 제공할 수 있다.

AI 도구를 잘 활용하는 프로컨설턴트는 더 높은 경쟁력을 가질 수밖에 없다. 기술을 잘 이해하고, 이를 기반으로 정확하고 효율적인 분석을 제공할 수 있는 프로컨설턴트는 고객에게 신뢰를 줄 뿐만 아니라, 더 큰 가치를 창출할 수 있다.

AI 컨설팅의 윤리적 이슈와 해결책

AI는 강력한 도구이지만, 그만큼 윤리적 문제도 동반될 수 있다. AI를 활용한 데이터 분석과 예측은 매우 유용하지만, 프라이버시 침해, 데이터 편향성, AI의 투명성 부족 등 여러 윤리적 문제가 발생할 수 있다. 이러한 문제를 충분히 이해하고 대비하는 것이 매우 중요하다.

프로컨설턴트는 AI를 활용할 때 데이터 보호와 프라이버시 문제를 반드시 고려해야 한다. 고객의 데이터를 분석할 때, 이 데이터가 어디서 왔는지, 어떻게 수집되었는지, 사용자가 동의했는지 등을 면밀히 검토해야 한다. 또한, AI 알고리즘이 편향된 결정을 내리지 않도록 주의해야 한다. 데이터 편향성은 특정 집단에게 불리하게 작용할 수 있으며, 이는 사회적 문제로 번질 수 있다.

AI의 투명성도 중요한 이슈다. AI가 내리는 결정이 어떤 근거로 이루어졌는지 명확히 설명할 수 있어야 한다. 고객은 AI가 내린 결정을 이해하고 신뢰할 수 있어야 하며, 이 과정에서 윤리적 책임을 다하는 프로컨설턴트가 될 필요가 있다.

AI를 통해 더 나은 결과를 도출하는 것만큼이나, 윤리적인 문제를 미리 예방하고 책임 있는 AI 활용을 하는 것이 중요한 시대가 되었다. 이러한 윤리적 문제를 해결할 수 있는 능력도 프로컨설턴트의 중요한 역량 중 하나로 자리 잡고 있다.

AI와 인간의 완벽한 협업을 위한 전략

AI는 인간의 능력을 대체하는 것이 아니라, 보완하고 강화하는 역할을 한다. 프로컨설턴트는 AI와 협력하여 최고의 시너지 효과를 낼 수 있어야 한다. AI는 방대한 데이터를 빠르게 처리하고, 복잡한 문제를 분석하는 데 탁월한 능력을 발휘하지만, 창의적인 사고와 직관적인 판단은 여전히 인간의 몫이다.

프로컨설턴트는 AI의 강점을 활용하여 효율성과 정확성을 극대화할 수 있다. 예를 들어, AI는 반복적이고 단순한 작업을 자동화하여 시간과 비용을 절약해 주지만, 그 데이터를 기반으로 한 창의적 솔루션이나 인간관계의 조율은 여전히 프로컨설턴트의 역할이다. AI가 제공한 데이터를 기반으로 고객 맞춤형 전략을 제시하는 것은 인간 프로컨설턴트의 고유한 가치다.

또한, AI는 실시간으로 데이터를 분석하여 변화하는 시장에 빠르게 대응할 수 있도록 도와준다. 프로컨설턴트는 이를 바탕으로 더 나은 의사결정을 내리고, 고객에게 더 나은 솔루션을 제시할 수 있다.

결국, AI와 인간이 협력하는 팀워크가 컨설팅 경영의 미래를 이끌어갈 것이다. AI를 적절히 활용하는 프로컨설턴트는 고객에게 신뢰를 얻을 수 있으며, 변화하는 시장에서 살아남아 지속적으로 성장할 수 있을 것이다.

필수 디지털 도구
: 프로컨설턴트의 스마트 워크플로우

2

디지털 시대에서 프로컨설턴트는 더 이상 전통적인 방법만으로는 고객을 만족시키기 어렵다. 오늘날 성공적인 컨설팅 경영을 위해서는 디지털 도구를 필수적으로 활용해야 한다. 디지털 도구는 업무의 효율성을 높여주고, 프로컨설턴트의 시간을 절약해주며, 더 나은 결과를 빠르게 도출할 수 있게 한다. 이제는 AI 기반의 도구와 데이터 시각화, 협업 도구 등이 프로컨설턴트의 중요한 파트너가 되었다. 아래에서 프로컨설턴트가 필수적으로 알아야 할 디지털 도구와 그 활용 방법을 알아보자.

디지털 도구로 컨설턴트의 시간을 효율적으로 관리하기

프로컨설턴트는 한정된 시간 안에 고객에게 최상의 결과를 제공해야 한다. 이때 디지털 도구는 시간을 아끼고 효율성을 극대화하는 중요한 역할을 한다. 업무 자동화 도구는 반복적이고 시간이 많이 소요되는 작업을 간소화해준다. 예를 들어, 여러 데이터를 일일이 수집하고 분석하는 대신, AI 기반 자동화 도구는 데이터를 실시간으로 수집하고 분석하여 프로컨설턴트가 더 중요한 업무에 집중할 수 있도록 돕는다.

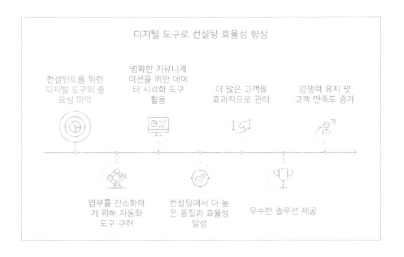

데이터 시각화 도구는 복잡한 데이터를 쉽게 이해할 수 있게

해준다. 수많은 숫자와 정보를 한눈에 파악할 수 있도록 시각화하는 것이 중요하다. 프로컨설턴트는 이를 통해 고객에게 더 명확하고 효과적으로 정보를 전달할 수 있다. 예를 들어, 파워 BI, 태블로 같은 도구는 데이터를 시각적으로 표현하여 고객이 쉽게 이해할 수 있는 보고서를 만들 수 있도록 돕는다.

이처럼 디지털 도구는 단순히 시간을 절약하는 것을 넘어 업무의 품질을 높이고 더 나은 컨설팅 경영을 가능하게 한다. 프로컨설턴트는 이 도구들을 활용해 더 많은 고객을 효율적으로 관리할 수 있으며, 동시에 더 높은 수준의 솔루션을 제공할 수 있다.

챗GPT, 미드저니 등 AI 도구로 생산성 극대화하기

AI 기반 도구들은 프로컨설턴트의 새로운 파트너다. 이 도구들은 컨설팅 경영의 생산성을 획기적으로 높여주며, 더 나은 분석과 해결책을 제시하는 데 도움을 준다. 그중에서도 챗GPT와 미드저니는 프로컨설턴트가 적극적으로 활용할 수 있는 대표적인 AI 도구다.

챗GPT는 방대한 데이터를 바탕으로 고객의 질문에 신속하고 정확하게 답변을 제공하며, 복잡한 문제를 해결하는 데 도움을 준다. 프로컨설턴트는 챗GPT를 활용해 빠르고 효율적인 자료 수집, 보고서 초안 작성, 시장 분석 등을 손쉽게 해결할 수 있다. 고객이 필요로 하는 정보에 빠르게 접근하고, 챗GPT의 추천을 바탕으로 더 나은 의사결정을 도출할 수 있다.

미드저니는 시각적인 자료를 만드는 데 도움을 준다. 컨설팅 경영에서 시각적 커뮤니케이션은 매우 중요하다. 특히 전략적인 프레젠테이션이나 보고서에서 이미지와 비주얼 자료는 메시지를 효과적으로 전달하는 데 큰 역할을 한다. 미드저니와 같은 AI 기반 이미지 생성 도구를 활용하면, 빠르게 고품질의 시각적 자료를 만들어 고객의 이해도를 높일 수 있다.

AI 도구들을 통해 컨설팅 경영의 퀄리티와 생산성을 향상시키는 것은 이제 필수가 되었다. AI는 단순히 도구가 아닌 프로컨설턴트의 협력자로 자리 잡고 있으며, 이를 적극적으로 활용하는 프로컨설턴트는 고객에게 더 높은 가치를 제공할 수 있다.

엑셀, PPT, 워드 완벽 마스터로 보고서 작성 능력 향상

엑셀, 파워포인트(PPT), 워드는 여전히 프로컨설턴트에게 필수적인 도구들이다. 이 세 가지 도구는 데이터 분석에서부터 보고서 작성, 프레젠테이션에 이르기까지 모든 단계에서 중요한 역할을 한다.

엑셀은 데이터 분석의 핵심 도구다. 프로컨설턴트는 대량의 데이터를 엑셀을 통해 체계적으로 분석하고, 고객에게 의미 있는 인사이트를 제공해야 한다. 특히 피벗 테이블, 함수, 매크로 등 고급 기능을 숙달하면 더 빠르고 정확하게 데이터를 분석할 수 있다.

파워포인트(PPT)는 전략적 프레젠테이션 도구다. 고객에게 설득력 있는 보고서를 제시하는 것은 컨설팅 경영의 중요한 부분이다. PPT를 통해 복잡한 데이터를 시각적으로 정리하고, 고객의 이해를 돕는 프레젠테이션을 만들 수 있다. 프로컨설턴트는 시각적 전달력과 정보의 구조화를 강화하기 위해 PPT를 능숙하게 다룰 수 있어야 한다.

워드는 보고서를 작성하는 데 필수적이다. 컨설팅 경영에서 중요한 것은 정확하고 논리적인 보고서를 작성하는 것이다. 워드는 단순한 문서 편집을 넘어 문서 내의 데이터 통합, 도표 작성, 텍스트 형식화 등을 통해 완성도 높은 보고서를 작성할 수 있도록 도와준다.

엑셀, PPT, 워드 세 가지 도구는 기본적이지만, 이를 완벽하게 마스터하는 것은 성공적인 프로컨설턴트의 필수 조건이다. 이 도구들을 자유자재로 다룰 수 있는 능력은 프로컨설턴트의 업무 효율성과 성과를 크게 향상시킬 것이다.

협업 도구를 활용한 팀워크 향상 전략

프로컨설턴트는 단독으로 일하기보다 다양한 팀과의 협업을 통해 더 큰 성과를 이루는 경우가 많다. 협업 도구는 이러한 팀 워크를 강화하고, 효율적인 프로젝트 관리를 가능하게 한다. 특히, 프로젝트의 진행 상황을 실시간으로 공유하고, 팀원들과의 원활한 소통을 유지하는 것이 중요하다.

대표적인 협업 도구로는 트렐로(Trello), 슬랙(Slack), 아사나 (Asana) 등이 있다. **트렐로**는 프로젝트의 진행 상황을 한눈에 파악할 수 있도록 카드 형식으로 시각화된 업무 관리 도구이며, 각 팀원이 맡은 작업을 명확히 지정할 수 있다. **아사나**는 일정 관리와 업무 분담을 효율적으로 할 수 있는 도구로, 프로젝트가 정해진 기한 안에 차질 없이 완료되도록 돕는다. **슬랙**은 팀원 간의 실시간 소통을 가능하게 하여, 다양한 채널을 통해 업무 내용을 빠르게 공유하고 피드백을 주고받을 수 있다.

이러한 디지털 협업 도구는 특히 원격 근무나 여러 팀이 동시에 협력하는 상황에서 매우 유용하다. 고객과의 소통 역시 이러한 도구를 통해 더욱 원활하게 진행될 수 있다. 프로컨설턴트는 이러한 협업 도구를 통해 프로젝트를 더 효율적으로 관리하고, 고객과의 지속적인 소통을 강화할 수 있다.

디지털 트랜스포메이션을 선도하는 컨설팅 경영의 미래

디지털 트랜스포메이션은 기업의 생존과 성장을 좌우하는 중요한 전략으로 자리 잡고 있다. 프로컨설턴트는 이러한 디지털 변화를 선도할 수 있어야 하며, 고객에게 디지털 트랜스포메이션 전략을 제시할 수 있어야 한다.

디지털 트랜스포메이션은 단순히 기술을 도입하는 것이 아니라, 기업의 비즈니스 모델을 혁신하고 디지털 도구를 통해 생산성과 경쟁력을 강화하는 것이다. 프로컨설턴트는 고객이 디지털 기술을 활용하여 더 나은 성과를 낼 수 있도록 돕는 역할을 해야 한다. 이를 위해서는 데이터 기반 의사결정, AI 활용, 클라우드 기술 등 최신 디지털 트렌드에 대한 깊은 이해가 필수적이다.

또한, 프로컨설턴트는 자신의 컨설팅 경영 방법론에도 디지털 도구를 적용하여 더 효율적이고 혁신적인 서비스를 제공할 수 있어야 한다. 디지털 도구를 활용해 고객의 데이터를 분석하고, 실시간으로 경영 상황을 모니터링하며, 더욱 빠르고 정확한 솔루션을 제시할 수 있다.

디지털 시대에 성공하는 프로컨설턴트는 끊임없이 변화하는 기술과 트렌드에 민감하게 반응하고, 이를 고객에게 효과적으로 적용할 수 있는 능력을 갖춘 사람이다. 디지털 트랜스포메이션은 선택이 아닌 필수이며, 프로컨설턴트는 이 변화를 이끌어가는 리더가 되어야 한다.

자동화 기술: 컨설팅 경영의 혁신적인 프로세스 구축

3

AI와 자동화 기술은 컨설팅 경영의 패러다임을 크게 변화시키고 있다. 특히 반복적인 업무에서 벗어나 더 창의적이고 전략적인 일에 집중할 수 있는 환경을 제공해준다. 프로컨설턴트는 자동화 기술을 통해 컨설팅 경영의 프로세스를 혁신하고, 시간과 자원을 효과적으로 활용함으로써 더 높은 가치를 창출할 수 있다. 이번 절에서는 자동화 기술이 어떻게 프로컨설턴트의 업무를 혁신하고, 고객에게 더 나은 서비스를 제공할 수 있는지에 대해 살펴보자.

반복 업무는 AI에게 맡기고 핵심 전략에 집중하기

프로컨설턴트의 시간은 소중하다. 그러나 기존의 컨설팅 경영에서 많은 시간이 단순 반복 업무에 소모되는 경우가 많다. 데이터를 수집하고, 문서를 정리하며, 보고서를 작성하는 일들은 시간과 자원을 소모하지만 가치 창출에 있어 큰 비중을 차지하지 않는다. 바로 이 지점에서 자동화 기술이 중요한 역할을 한다.

AI 기반의 자동화 도구는 데이터를 실시간으로 수집하고, 분석 결과를 자동으로 도출해낸다. 이를 통해 프로컨설턴트는 더 이상 수많은 데이터를 일일이 수집하고 정리하는 수고를 덜 수 있게 되며, 그 시간을 더 전략적이고 창의적인 업무에 투자할 수 있다. 또한, 이메일 발송, 회의 일정 관리 등 여러 행정적인 일들도 자동화되어 더 빠르고 효율적인 업무 처리가 가능해진다.

자동화된 프로세스는 시간이 지남에 따라 점점 더 정교해지고, 프로컨설턴트의 업무 부담을 크게 줄여준다. 이를 통해 확보된 시간은 고객의 문제를 더 깊이 분석하고, 핵심 전략을 설계하는 데 투자할 수 있다.

컨설팅경영에서의 자동화

자동화 프로세스 개선　　　반복적인 업무 식별

진략적 업무에 집중　　　AI 도구 구현

효율적으로 데이터 분석　　　데이터 수집 자동화

데이터 수집부터 보고서 작성까지 자동화하는 방법

　컨설팅 경영에서 가장 중요한 자산 중 하나는 데이터다. 하지만 데이터를 수집하고 분석하는 데 많은 시간이 소요되면 전략 수립에 쏟을 시간이 줄어든다. 자동화 기술은 이 과정을 획기적으로 단순화하고 가속화한다.

　AI 기반 데이터 수집 도구는 실시간으로 다양한 소스에서 데이터를 끌어와 정리하고, 분석하는 과정을 자동으로 처리한다. 예를 들어, 프로컨설턴트는 시장 동향, 경쟁사의 움직임, 소비자 트렌드 등을 실시간으로 모니터링하면서 그 결과를 자동으로 보고서 형태로 정리할 수 있다. 보고서 작성 역시 AI 기술로 자동화되어 데이터에 기반한 분석과 인사이트가 포함된 문서를 신속하게 생성할 수 있다.

이러한 자동화는 단순히 시간을 절약하는 것뿐만 아니라 더 정확하고 신뢰성 있는 데이터 분석을 가능하게 한다. 데이터 기반의 컨설팅 경영은 고객의 문제를 더 명확하게 파악하고, 정교한 해결책을 제시하는 데 중요한 역할을 한다. 결과적으로, 프로컨설턴트는 더 빠르게 고객에게 맞춤형 솔루션을 제공할 수 있다.

전략적 기획에 집중해 컨설팅 성공을 높이는 방법

자동화 기술의 가장 큰 장점 중 하나는 프로컨설턴트가 더 높은 가치의 일에 집중할 수 있게 해준다는 것이다. 단순 반복 업무를 AI에게 맡기면, 프로컨설턴트는 더 창의적이고 전략적인 작업에 집중할 수 있는 시간을 확보하게 된다.

프로컨설턴트의 주요 역할은 데이터를 분석하고, 전략을 세우며, 고객에게 맞춤형 솔루션을 제안하는 것이다. 자동화된 데이터 분석이 기본적인 정보 제공을 담당한다면, 프로컨설턴트는 그 정보를 기반으로 더 창의적이고 혁신적인 전략을 제안할 수 있다. 자동화 기술은 창의적인 사고를 방해하지 않고, 오히려 그 가능성을 열어준다.

프로컨설턴트는 이제 고객과의 협의를 통해 더욱 깊이 있는 문제 해결 전략을 세울 수 있으며, 새로운 기회를 발굴하는 데 집중할 수 있다. 자동화된 시스템이 반복적인 업무를 처리하는 동안, 프로컨설턴트는 그 데이터를 바탕으로 독창적인 컨설팅 경영 전략을 구축할 수 있게 되는 것이다.

자동화를 통한 비용 절감과 효과적인 결과 도출

자동화 기술을 도입함으로써 얻을 수 있는 또 하나의 큰 이점은 비용 절감이다. 효율적인 자동화 프로세스는 인적 자원을 최소화하면서도 높은 성과를 낼 수 있게 도와준다. 프로컨설턴트는 자동화를 통해 작업 시간을 단축하고, 그 결과 더 적은 비용으로 더 많은 고객에게 서비스를 제공할 수 있다.

비용이 줄어들면서 고객에게 제공하는 서비스의 품질은 오히려 높아진다. 반복적이고 시간이 많이 소요되는 업무를 자동화함으로써 프로컨설턴트는 더 많은 고객을 관리하고, 동시에 각 고객에게 더 많은 가치를 제공할 수 있다. 이로 인해 고객 만족도가 올라가고, 자연스럽게 재계약률이나 추천을 통해 수익을 증대시킬 수 있다.

또한, 자동화된 시스템은 고객과의 소통도 효율적으로 만들어준다. 자동 보고서와 실시간 데이터 피드백 시스템을 통해 고객은 언제든지 프로젝트의 진행 상황을 확인할 수 있으며, 이에 따른 신뢰도도 상승한다. 이처럼 자동화 기술은 효율성과 수익성을 동시에 높일 수 있는 강력한 도구다.

자동화 시대에도 변하지 않는 컨설턴트의 필수 역할

자동화 기술이 컨설팅 경영에 많은 혁신을 가져왔지만, 그럼에도 불구하고 프로컨설턴트의 역할은 여전히 중요하다. AI는 데이터를 분석하고 반복적인 작업을 처리하는 데 뛰어나지만, 창의적이고 전략적인 판단은 여전히 인간의 몫이다. 프로컨설턴트는 AI의 도움을 받아 더 효율적이고 정교한 컨설팅 경영 서비스를 제공할 수 있지만, 궁극적인 의사결정과 창의적 해결책은 인간의 지식과 경험을 바탕으로 해야 한다.

프로컨설턴트는 AI와 협력하여 더 나은 솔루션을 제시할 수 있는 능력을 길러야 한다. AI는 데이터를 분석하고 패턴을 찾아내지만, 인간의 직관과 전문적 통찰력은 그 데이터를 기반으로 한 전략을 수립하는 데 필수적이다. 따라서 프로컨설턴트는 AI를 보완적인 도구로 사용하면서도, 그 위에 인간적인 판단을 더해 고객에게 최상의 결과를 제공해야 한다.

결국, 자동화 시대에도 프로컨설턴트는 AI와의 협력을 통해 더 나은 서비스를 제공하고, 더 창의적이고 전략적인 컨설팅 경영을 수행할 수 있는 역할을 계속해서 맡게 될 것이다.

자동화 기술은 프로컨설턴트의 업무를 크게 변화시키고 있다. 반복적인 작업에서 벗어나 더 전략적이고 창의적인 일에 집중할 수 있게 해주는 것은 물론, 고객에게 더 나은 서비스를 제공할 수 있는 기회를 준다. AI와 자동화 도구를 활용해 효율성을 극대화하고, 그 시간을 전략적 사고와 창의적인 해결책에 투자하는 프로컨설턴트가 성공의 열쇠를 쥐고 있다.

지속 가능한 성장을 위한
혁신적 컨설팅 전략

4

AI와 디지털 혁신이 빠르게 변화하는 시대에, 프로컨설턴트는 변화를 주도하고 시장에서 경쟁력을 유지하기 위해 지속 가능한 성장 전략을 마련해야 한다. 이번 장에서는 어떻게 변화를 기회로 만들고, 끊임없이 배워가며, 고객 중심의 컨설팅 경영을 실현할 수 있는지 구체적으로 살펴본다. 나아가 AI와 빅데이터를 활용한 혁신적인 서비스를 개발하고, 다양한 전문가들과 협력하여 더 큰 시너지를 창출하는 방법도 함께 알아보자.

변화에 민첩하게 대응하는 프로컨설턴트의 생존법

AI와 디지털 기술의 발달로 컨설팅 경영 시장은 끊임없이 변화하고 있다. 성공하는 프로컨설턴트는 변화를 두려워하지 않는다. 오히려 그 변화를 기회로 삼아 빠르게 적응하고, 고객에게 더 나은 솔루션을 제시할 수 있는 방법을 찾아낸다.

시장은 언제나 유동적이다. 특히 AI 기술의 발전과 같은 대규모 혁신은 산업 전반에 걸쳐 급격한 변화를 일으킨다. 이에 프로컨설턴트는 시장의 흐름을 읽고, 새로운 기회를 포착하는 능력이 필수적이다. 예를 들어, 전통적인 컨설팅 경영 방식에서 벗어나 AI 기반의 데이터 분석이나 자동화 시스템을 적극적으로 도입함으로써 새로운 솔루션을 제시할 수 있다.

변화는 불확실성을 동반하지만, 그 속에서 유연하게 대처하는 프로컨설턴트는 고객에게 더 큰 가치를 제공할 수 있다. 변화의 흐름을 읽고 적응하는 능력이야말로 현대 컨설팅 경영에서 중요한 경쟁력 중 하나다.

지속적인 학습과 성장을 통한 경쟁력 유지

AI 시대의 프로컨설턴트는 끊임없는 학습과 성장을 통해 경쟁력을 유지한다. 새로운 기술이 빠르게 발전하는 현대에서는 기존 지식만으로는 부족하다. 시장의 변화와 고객의 요구에 발맞춰 전문성을 강화하고, 새로운 기술을 습득하는 것이 중요하다.

프로컨설턴트는 데이터 분석, AI 도구 활용, 자동화 기술 등 첨단 기술을 꾸준히 익혀야 한다. 이를 통해 더 정교한 컨설팅 경영 서비스를 제공할 수 있으며, 고객에게 신뢰를 심어줄 수 있다. 또한, 전문성을 강화하기 위해 자격증 취득이나 온라인 학습, 세미나에 참석하는 것도 좋은 방법이다.

자신의 능력을 꾸준히 업그레이드하는 프로컨설턴트는 시장

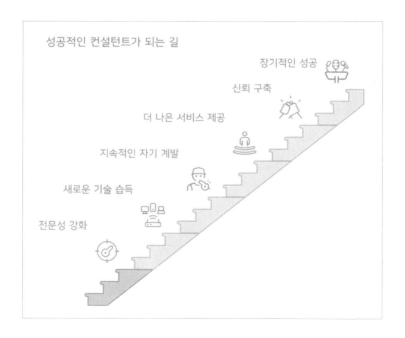

성공적인 컨설턴트가 되는 길

장기적인 성공

신뢰 구축

더 나은 서비스 제공

지속적인 자기 계발

새로운 기술 습득

전문성 강화

에서 더 오랫동안 활약할 수 있으며, 고객에게도 차별화된 서비

스를 제공할 수 있다. 끊임없는 자기 계발과 학습은 성공적인 컨설턴트로 나아가는 길이다.

고객 맞춤형 컨설팅 솔루션으로 차별화하기

프로컨설턴트가 성공하기 위해서는 무엇보다 고객 중심의 컨설팅 경영이 중요하다. 고객의 문제를 해결하고, 그들의 기대를 뛰어넘는 맞춤형 솔루션을 제공할 수 있어야 한다. AI와 빅데이터를 활용하면 고객의 행동 패턴과 니즈를 더욱 깊이 이해할 수 있으며, 이를 기반으로 한 개인화된 솔루션을 제시할 수 있다.

고객의 만족을 극대화하는 것은 단순히 문제를 해결하는 것에 그치지 않는다. 고객과의 신뢰 관계를 형성하고, 그들의 목표에 맞춰 컨설팅 경영 전략을 제시하는 것이 중요하다. 이를 위해 프로컨설턴트는 고객과의 소통을 중요시하고, 프로젝트가 진행되는 모든 과정에서 고객의 의견을 반영하는 노력을 기울여야 한다.

고객 중심의 맞춤형 컨설팅은 고객의 성공을 이끄는 가장 강력한 무기다. 프로컨설턴트는 고객의 니즈를 항상 주시하며, 그에 맞춘 전략을 설계해 고객 만족도를 높여야 한다.

혁신적인 서비스 개발로 새로운 기회 창출

현대의 프로컨설턴트는 혁신적인 서비스를 통해 고객에게 새로운 가치를 제공해야 한다. AI와 빅데이터는 컨설팅 경영의 방식을 혁신하는 중요한 도구가 되고 있다. 이들 기술을 활용해 새로운 컨설팅 모델을 제시하는 것은 필수적이다.

예를 들어, AI 기반의 예측 모델을 통해 고객의 시장 변화를 미리 예측하고, 빅데이터 분석을 통해 숨겨진 인사이트를 발굴함으로써 보다 구체적이고 전략적인 컨설팅을 제공할 수 있다. 또한, 이러한 신기술을 활용하면 기존보다 더 신속하고 정확한 솔루션을 제시할 수 있다.

혁신적인 서비스는 시장에서 경쟁력을 강화하고, 고객의 신뢰를 얻는 데 중요한 역할을 한다. 프로컨설턴트는 끊임없이 새로운 컨설팅 경영 방법론을 개발하고, 이를 통해 고객의 성공을 도와야 한다.

네트워크 확장과 협력을 통한 장기적 성장

성공적인 프로컨설턴트가 되기 위해서는 다양한 네트워크가 필수적이다. 컨설팅 경영은 여러 분야의 전문 지식이 필요하며,

이를 혼자서 다 갖추는 것은 쉽지 않다. 때문에 다양한 분야의 전문가들과 협력하여 시너지를 창출하는 것이 중요하다.

특히 AI와 디지털 기술이 발전함에 따라 다양한 기술 전문가와의 협업이 더 필요해지고 있다. 데이터를 분석하고 전략을 수립하는 과정에서 데이터 과학자, 기술 전문가들과의 협력은 프로컨설턴트에게 큰 도움을 줄 수 있다. 이를 통해 더 혁신적이고 깊이 있는 솔루션을 제공할 수 있을 뿐만 아니라, 각 프로젝트에서 최고의 성과를 낼 수 있다.

또한, 이러한 협력 네트워크는 프로컨설턴트의 성장에도 큰 기여를 한다. 네트워크를 통해 더 많은 정보와 기술을 습득할 수 있으며, 다양한 분야에서의 경험을 쌓을 수 있다. 따라서 협력적 네트워크 구축은 성공적인 프로컨설턴트로 나아가기 위한 중요한 전략 중 하나다.

지속 가능한 성장을 위해서는 끊임없는 변화와 혁신이 필요하다. 프로컨설턴트는 시장의 변화에 유연하게 대응하고, 새로운 기술을 습득하며, 고객 중심의 컨설팅 경영을 통해 경쟁력을 유지해야 한다. 또한, 혁신적인 서비스를 개발하고 다양한 분야의 전문가들과 협력하여 더 큰 시너지를 창출하는 것이 중요하다. 성장을 위한 혁신 전략은 프로컨설턴트가 성공적인 미래를 만들어 나가는 데 필수적인 요소다.

미래의 컨설팅 경영 시장
: 도전과 기회

5

디지털 전환과 AI 기술의 발전이 빠르게 이루어지고 있는 오늘날, 컨설팅 경영 시장은 그 어느 때보다도 변화와 기회로 가득하다. 프로컨설턴트는 이러한 변화를 선도하며, 새로운 기회를 잡고 위기를 극복하는 전략을 세워야 한다. 이번 장에서는 AI 시대에 찾아온 기회를 선점하고, 미래를 준비하는 데 필요한 핵심역량과 전략을 살펴보자.

AI 시대, 프로컨설턴트를 위한 새로운 기회의 장

AI 기술의 발달로 인해 컨설팅 경영 시장은 빠르게 변하고 있다. 이러한 변화는 위기가 될 수도 있지만, AI 기술을 적극적으로 활용하는 프로컨설턴트에게는 새로운 기회를 열어준다. AI 기반 데이터 분석, 예측 모델링, 자동화 솔루션 등은 기존의 컨설팅 경영 방식에 혁신을 가져왔고, 이를 활용하는 프로컨설턴트는 새로운 시장 영역을 개척할 수 있다.

예를 들어, 전통적인 경영 컨설팅 경영 분야 외에도 AI를 기

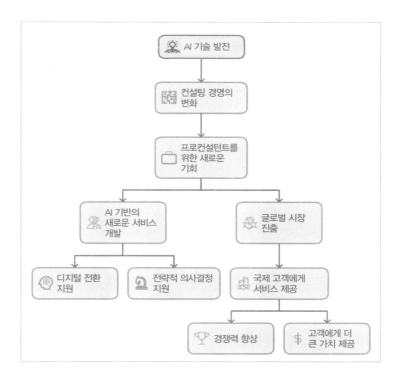

반으로 한 새로운 서비스를 개발해 기업의 디지털 전환을 지원

할 수 있다. 또한, 글로벌 시장에서도 AI 기술을 활용한 스마트 컨설팅 경영 서비스는 큰 관심을 받고 있어, 국경을 넘은 글로벌 시장 진출 기회도 마련된다.

프로컨설턴트는 AI 기술의 가능성을 최대한 활용해 새로운 분야를 개척하고, 이를 통해 차별화된 경쟁력을 확보해야 한다. 특히, AI와 데이터를 기반으로 한 혁신적인 솔루션을 제공함으로써 더 넓은 시장에서 활약할 수 있다.

위기를 기회로 바꾸는 컨설턴트의 성공 전략

컨설팅 경영 시장에서 AI의 발전과 경쟁 심화는 새로운 위협 요인으로 작용할 수 있다. 특히, AI 기반의 자동화와 데이터 분석 도구가 보편화되면서, 기존의 프로컨설턴트는 자신만의 경쟁력을 더 강화해야 한다. 그러나 이 위협은 기회로 바꿀 수 있는 방법이 존재한다.

프로컨설턴트는 AI 기술을 적극적으로 도입해 효율성을 높이고, 고객 맞춤형 전략을 제시함으로써 시장에서의 경쟁 우위를 확보할 수 있다. 또한, 단순히 기술을 도입하는 것에서 그치지 않고, AI 기술이 가져오는 변화를 이해하고 차별화된 서비스를 제공하는 데 초점을 맞춘다.

위기 상황에서도 창의적인 사고와 차별화된 전략을 수립하는 프로컨설턴트는 고객의 신뢰를 얻고, 시장에서 지속적으로 성장할 수 있다. 끊임없는 혁신과 변화에 대한 민감한 대응이 위기를 기회로 바꾸는 핵심 전략이다.

미래를 대비한 필수 역량과 스킬 개발

AI 시대의 성공적인 프로컨설턴트가 되기 위해서는 미래 지향적인 역량이 필수적이다. 빠르게 변화하는 기술과 시장 환경 속에서 끊임없이 학습하고, 새로운 지식을 쌓아가며 혁신적인 사고를 갖추는 것이 중요하다.

특히, AI 기술을 효과적으로 활용하는 능력이 요구된다. 데이터를 분석하고, 이를 바탕으로 한 솔루션을 제시하는 과정에서 AI 도구를 활용하는 능력은 필수다. 또한, 다양한 분야의 전문가들과 협업하는 능력도 중요하다. 프로컨설턴트는 복잡한 문제를 해결하기 위해 다양한 시각을 수용하고 협력할 수 있어야 한다.

미래에는 단순한 지식만으로는 성공할 수 없다. 혁신적인 사고와 AI 활용 능력, 그리고 협업을 통한 문제 해결 능력이 프로컨설턴트의 핵심 경쟁력으로 작용하게 된다.

컨설팅 경영 시장의 미래 트렌드와 대비 전략

컨설팅 경영 시장의 미래를 대비하기 위해 프로컨설턴트는 전문성을 지속적으로 강화해야 한다. 기술 발전과 함께, 고객들은 점점 더 고도화된 솔루션을 요구하게 된다. 따라서 한 분야에서의 전문성을 갖추고, 이를 퍼스널 브랜딩을 통해 효과적으로 드러낼 필요가 있다.

퍼스널 브랜딩은 자신만의 고유한 강점과 가치를 고객들에게 명확히 전달하는 중요한 방법이다. AI 시대에는 단순히 기술력만을 내세우는 것이 아니라, 자신만의 차별화된 스토리와 강점을 기반으로 신뢰를 구축하는 것이 중요하다.

또한, 네트워크 구축도 중요한 요소다. 다양한 분야의 전문가들과의 협력은 프로컨설턴트가 보다 깊이 있는 솔루션을 제공하는 데 필수적이다. 넓고 강력한 네트워크를 통해 새로운 기회를 포착하고, 성장을 도모할 수 있다.

억대 연봉 프로컨설턴트가 되는 꿈을 현실로 만들기

성공적인 프로컨설턴트는 열정과 끊임없는 노력을 통해 성장하고, 궁극적으로 억대 연봉의 꿈을 이룬다. 단순한 기술 습득만으로는 성공을 보장할 수 없다. 꾸준한 자기 계발과 시장에 대한 이해, 그리고 고객의 성공을 위한 헌신이 뒷받침되어야 한다.

AI 시대에 맞춰 새로운 기술을 적극적으로 받아들이고, 이를 고객의 문제 해결에 활용하는 프로컨설턴트는 시장에서 높은 평가를 받는다. 뿐만 아니라, 자신의 전문성을 브랜딩하고, 차별화된 솔루션을 제시하는 프로컨설턴트는 고객의 신뢰를 얻어 더 큰 성장을 이룬다.

억대 연봉 프로컨설턴트가 되는 길은 꾸준한 학습과 전문성 강화, 그리고 열정과 노력에 달려 있다. 성공의 길은 멀고 험할 수 있지만, 미래를 준비하는 프로컨설턴트에게는 충분히 도달할 수 있는 목표다.

프로컨설턴트로서 AI 시대에 맞춰 변화를 선도하고, 지속 가능한 성장을 이루기 위한 전략은 끊임없는 학습과 혁신, 그리고 변화에 대한 유연한 대처에서 시작된다. 또한, 글로벌 시장으로 나아가고, 새로운 기회를 포착하는 능력이 중요하다. AI 기술을 활용하여 더 나은 컨설팅 경영 서비스를 제공하고, 미래의 컨설팅 경영 시장에서 선도적인 역할을 할 수 있는 프로컨설턴트가 되어야 한다.

《5장의 핵심 포인트》

1. AI 혁명과 함께 컨설팅 경영의 판도가 바뀐다. 이제 AI와 데이터 분석은 프로컨설턴트의 필수 도구다. 미래를 준비하라.
2. 디지털 도구로 더 스마트하게 일하라. 챗GPT와 협업 도구가 프로컨설턴트의 시간을 아껴주고 가치를 극대화한다.
3. 자동화로 반복 업무에서 벗어나라. 자동화 기술이 컨설팅 경영 프로세스를 혁신하고, 전략적 업무에 집중할 기회를 제공한다.
4. 끊임없이 배우고 성장하라. 변화하는 AI 시대에 프로컨설턴트로서 성공하려면 지속적인 학습과 혁신이 필요하다.
5. 미래의 컨설팅 경영 시장, 지금 준비하라. AI 시대의 도전에 맞서기 위해 필요한 역량을 키우고, 꿈을 현실로 만들어라.

성공적인 현대 컨설턴트

AI 및 데이터
분석

디지털 도구로
스마트하게
일하기

전략적 집중을
위한 자동화

지속적인 학습